U0580324

行者系列

破土而出

流动社会的田野呈现

麻国庆　著

北京师范大学出版集团
BEIJING NORMAL UNIVERSITY PUBLISHING GROUP
北京师范大学出版社

目录

◎ 自　序

　　摆在读者面前的这本小书，主要是我近年来读恩师费先生之书、同行之书，特别是学生的博士论文之书，来丰富自己的一些心得。

　　书中所收的文章，其核心是在"从实求知"的基础上来认识在当前的时代背景下，不同国家和区域社会的变迁之道。其共性在于，这些社会都是在"走出乡土"或正在"走出乡土"的路上。尽管很多社会自身还保留着一定的"土的范畴"，但其"土性"已发生了质的变化。所以我把书名定为"破土而出"。

　　本书以费孝通先生的第三篇文章和费孝通问题为开篇，希望我们的研究能够继续沿着费先生的思路走下去，行行重行行。本书的篇章标题，与费先生的研究领域可谓一脉相承。我总结费先生的研究主要就是三篇大的文章，即汉族社会、少数民族社会、全球化与地方化，当然，学术反思和学科建设是费先生一直以来所强调的社会学人类学中国化的思考。

我们这代人正赶上了中国城乡二元结构分化最严重的时候，那时的"城里人"和"乡下人"被户籍制度严格区分了身份。"城里人"的优越感不言而喻，而进城成为多少农村人的梦想。20世纪80年代，著名导演吴天明导演的电影《人生》，就反映了那个时期年轻人的进城梦。改革开放以后，一个重大的变化就是城乡二元结构被打破，费先生是这方面的倡导者和实践者，他提出的"小城镇，大问题""小商品、大市场""苏南模式""珠江模式"等，成为城乡协调发展模式的里程碑。此后，地少人多的农民从土地中解放出来，出现了"离土不离乡"的以乡镇企业为基础的小城镇发展模式，后来又出现"离土又离乡"的跨省区的大规模农民工流动，从而成为改革以来最大的人口红利。费先生在20世纪提出的模式论，今天的状况如何？城乡关系的二元结构是发生了很大的变化，但城乡之间的问题依然是发展的大问题。厉以宁教授就指出："对于几十年来形成的城乡二元体制的改革相对滞后，甚至可以说这三十年来，基本上没有触动城乡二元体制，因为农村家庭承包制是在维持城乡二元体制的前提下推行的。"① 其结果自然是城乡发展依然不协调，城乡差距呈扩大趋势。城乡统筹发展战略，提供的是一条走充分发挥现代科技作用、低能源消耗、低环境污染、控制人口增长、维持文化生态与自然生态平衡的可持续发展之路，是内发型农业大转型之路。而乡村振兴战略的提出，可以说是改革城乡二元体制、促使城乡协调发展、统筹城乡发展战略的重要一环。

在此我想到，关于城乡关系，美国著名城市地理学家芒福德（Lewis Munford）曾经指出："城与乡，不能截然分开；城与乡，同等重要；城与乡，应该有机结合在一起。如果要问城市与乡村哪一个更重要的话，应当说自然环境比人工环境更重要。"② 可以说城乡关系的研究，也是将来中国研究的重大主题。

本书的核心突出"土的范畴"和"破土而出"。这个"土"包括农耕之土、山地之土、游牧之土，也包括海外社会之土。土地是人类社会赖以生存和发展的自然基础，中国作为一个长期以农为本的文明古国，土地问题不仅在历史上，而且到现在也是中国农业和农民问题的核心。土地制度的变动及其

---

① 厉以宁：《走向城乡一体化：建国 60 年城乡体制的变革》，载《北京大学学报（哲学社会科学版）》，2009（6）。
② 转引自景普秋、张复明：《城乡一体化研究的进展与动态》，载《城市规划》，2003（6）。

产权形式的多样化，集中地反映了农村社会变化的规律。而土地产权在制度上的分散、集中、再分散、再集中与村落社会的家族关系、社会关系、文化传统，乃至农村基层政权的组织形式以及整体社会的变迁，都是密切相关的。土地产权的这种变动，反映了国家、社会、家族与个人之间的互动关系。而以土地产权为基础的新的合作制，如土地租赁、村庄兼并和土地流转制度的形成，土地股份合作制和公司加农户等制度下新的土地形态的出现，打破了中国几千年来传统的土地形态和体系。这种变革导致了一种新型经济关系和社会关系的出现，但这并不意味着传统的终结，在一定程度上，它所体现的正是内生的传统结构的延伸、重建与创新的过程。本书正是在这一过程中，来进一步讨论可持续发展中的人地关系问题。

在中国这样一个具有悠久历史文化传统的国家，全面反传统和全盘西化都是行不通的。中国发展的经验已经表明，任何发展模式都未脱离固有的文化传统。传统的调整和持续与制度的改革和建构可以整合在统一构成之中。瓦德（Robert E.Ward）在研究日本现代化的连续性时指出，日本现代化之所以能迅速成功，应归根于传统因素的支撑与运用。他认为，日本的现代史证明，不但现代制度与意识可以与传统共存并在，而且传统的态度与行为对现代化过程还有正面的价值。他把传统与现代当作相互支持的东西，即互以为力的双元体（reinforcing dualism），二者的关系是共生，而非敌对。费孝通先生也一直认为新事物与传统模式有着千丝万缕的联系，而且新事物往往产生于传统模式。此即强调地区文化传统的作用。这一思想方法为日本学者鹤见和子进一步解释为"内发型发展论"的原型，强调实现发展目标的途径和实现目标的社会模式，人们在生活方面的风貌，都要由各地区的人们和集团适应固有的生态体系，按照本地区的文化传统，参考外来的知识、技术和制度，独立地进行创造。

本书在付梓之际，遇上了人类百年未遇的新冠肺炎疫情，这一病毒在全球的流行，让多少人丧失了生命，形成了对人类文明的大挑战，世界秩序面临新的重组。人类站在世界的舞台上，开始不断反思文明的进程、技术的进步与人类自身的发展，人类学在这一过程中将会扮演重要角色，而国家治理能力现代化、全球治理与人类命运共同体将会成为我们建立"和而不同"的全球社会之基础。

麻国庆
2020 年 4 月

文化自觉与全球社会

◎ 费孝通先生的第三篇文章：全球化与地方社会

1991 年 9 月 20 日，我来到北京大学师从费先生攻读博士学位才一周多的时间，先生就带我和邱泽奇学兄赴湖南、湖北、四川三省交界处的武陵山区做苗族和土家族的调查。一上火车，费先生就对我们俩说，今天先给你们上第一节课。先生用了一个多小时的时间，给我们讲他对中国社会研究的两篇文章（少数民族和汉族的研究）的基本思路以及此次赴武陵山区的计划和思路。最后他把我们的思路引向苏联和东欧的解体以及美国的种族主义问题上来，他提到这种民族和宗教的冲突，将会成为 20 世纪末以及 21 世纪相当一段时间内国际政治的焦点之一。面对这种国际背景，而中国又是多元一体的多民族的国家，先生特别强调人类学将发挥更加重大的作用（非常巧合的是，就在两年以后的 1993 年，亨廷顿发表了著名的《文明的冲突》）。这一对于全球范围内文明之间的冲突以及关系的思考，其实是费先生的第三篇文章。这第三篇文章，在对全球范围内民族、宗教等文化因素思考的同时，在很大程度上把他原来一直强调的两篇文章，进一步置于全球背景的框架下即全球化的范畴中予以把握。这第三篇文章，我把它归纳为全球化与地方社会。

1999 年 8 月，费先生在中华炎黄文化研究会大连学术座谈会上提出：经济全球化之下，多元性的文化世界怎么能持续发展下去？费先生指出，这一多元性的文化世界持续下去的基础，就是要端正对异文化的态度，但同时要认清自己的文化，提倡文化自觉。这些问题也是在全球化讨论中人们所关心的问题点。

人类学家已经认识到全球化是在很多领域如文化、经济、政治、环境保护等同时出现的复杂的、多样的过程。[①]全球化对于社会科学来说，是近年来在不同领域讨论的话题。不过对于全球化这一非常复杂同时又具有魅力的历史过程，寻找同一性的定义是不可能的。与同质化、一体化甚至一元化相比，人类学更加强调的是地方化、本土化以

---

① Jonathan Xavier Inda and Renato Rosaldo, *The Anthropology of Globalization*, Malden Mass., Blackwell Publishers, 2002, p. 10.

及异质化的过程。这种认识是基于对全球范围内多样性文化的研究和积累。

那么从文化的视角如何来看全球化呢？作为文化批评的有代表性的研究者，霍尔（S. Hall）把全球化定义为："地球上相对分离的诸地域在单一的想象上的'空间'中，相互进行交流的过程。"① 所谓全球化是以不断进行的相互交流为基础，以人们的想象力创造出的"被单一化的想象空间"的文化过程为前提。这一"想象空间"，是由全球范围内的不同社会文化中的不同群体，根据所处的历史与社会背景而建构出来的一个多元的世界。以这一"想象空间"为前提的全球化与地方化以及文化认同之间的关系，是人类学所关心的热门话题。

作为对全球化回应的动态的文化相对论的把握，萨林斯（Marshall Sahlins）提出，我们正在目睹一种大规模的结构转型进程，形成各种文化的世界文化体系、一种多元文化的文化，因为从亚马孙河热带雨林到马来西亚诸岛的人们，在加强与外部世界的接触的同时，都在自觉地认真地展示各自的文化特征。② 这一具体事实就是本土的或地

---

① S. Hall, "New Cultures for Old," in *A Place in the World*, D. Massey and P. Jess eds., Oxford, Oxford University Press, 1955, p. 190.
② Marshall Sahlins, "Goodbye to Tristes Tropes: Ethnography in the Context of Modern World History," *Journal of Modern History*, vol.65(March 1993), pp.1-25.

方的文化认同、地方共同体主义以及多元民族社会的民族主义在世界不同的国家和地区，出现了复苏、复兴和重构的势头。

在现实中，全球化也带来了一种边缘性，边缘性会不断地从自己的角度进一步强化自身的认同和地方性。这一地方性甚至是族群性的认同，常常和文化的生产和再造联系在一起。

即在全球化过程中，生产、消费和文化策略之间已相互扭结为一个整体。作为全球体系之中的地方或族群，常常在文化上表现出双重特点，即同质性与异质性的二元特点。在地方社会与全球化的过程呼应中，特别是在信息社会中，在全球体系中出现了信息消费的非均衡现象，以及信息的贫困者。不同的文化和社会如何面对信息社会，成为人类所关心的问题。

在全球化过程中，不同的文明之间如何共生，特别是作为世界体系的中心和边缘以及边缘中的中心与边缘的对话，越来越成为人类学所关注的领域。而"文明间对话"的基础，需要建立人类共生的"心态秩序"以及"和而不同""美美与共"的理念。

对于上述问题的关心和认识，应该是费先生人类学思想又一个重要的领域。

（一）技性、人性与"三级跳"

在全球化过程中，有关技术与文化之间的关系，特别是技术进步与文化合理性的讨论成为在信息网络社会中经常会面对的问题。正如一些研究后现代文化的学者指出："只有当文化建立在规范的共同相关性、责任整体性基础上，即建立在既是可分的又是共同的生活意义及基本信念基础上时，文化才可能永远有生命力。文化的统一必须是'自由的统一，是轻松而丰富的'（弗·施莱格尔），而不是一种强制。……如果文化的统一只是通过技术和技术应用的共同性建立起来，那么，它是没有基点的统一。"[1]

2000 年夏，日本《东京新闻》设立了专栏，采访 20 世纪在学术领域对世界有突出贡献的亚洲学者。费先生作为社会学与人类学的代表，接受了记者的采访。当时我陪同《东京新闻》的记者采访并做翻译。当记者问到费先生的经历和现代中国社会的基本现状时，费先生说："我这一生经历了 20 世纪中国社会发生深刻变化的各个时期。可以概括为两个大变化和三个阶段，我把它称做三级跳。第一个变化是中国从一个传统性质的乡土社会开始变成为一个引进西方机器生

---

① ［德］彼得·科斯洛夫斯基：《后现代文化：技术发展的社会文化后果》，毛怡红译，192 页，北京，中央编译出版社，1999。

产的工业化时期。一般人所说的现代化就是指这个时期。这是我一生中最重要的一个时期，也是我从事学术工作最主要的时期，即中国的现代化过程。在这一时期我的工作是了解中国如何进入工业革命。从这一时期开始一直到现在也可以说一直到快接近我一生的最后时期，在离开这世界之前我有幸碰到了又一个时代的新变化，即信息时代的出现。这是第二个变化，即中国从工业化或现代化走向信息化的时期。就我个人而言，具体地说，我是生在传统的经济社会里面，一直是生活在走向现代化的过程中，当引进机器的工业化道路还没有完全完成时，却又进入了一个新的阶段即信息时代，以电子作为媒介来沟通信息的世界的开始。这是全世界都在开始的一大变化，现在我们还看不清楚这些变化的进程。由于技术、信息等变化太快，中国也碰到了一些问题，第一跳有的地方还没有完成，而第二跳还在进行中时，现在又在开始第三跳了。中国社会的这种深刻变化，我很高兴我在这一生里都碰到了，但因为变化之大，我要做的认识这世界的事业也不一定能做好。因为时间变化得很快，我的力量也有限，我只能开个头，让后来的人接下去做。这是我的一个背景。要理解我作为学者的一生，不能离开这个三级跳。"①

---

① 费孝通：《创建一个和而不同的全球社会》，见《文化与文化自觉》（下），427~428 页，北京，群言出版社，2012。

"三级跳"虽然是费先生对自己作为学者人生的概括，但同时又是他给处于现代信息社会的中国社会做的定位，并折射出应该关注这种技术的进步与社会文化结构的关系。

　　其实早在20世纪40年代，费先生就对当时现代西方工业文明对中国传统手工业以及社会结构的影响等进行了非常深入的探讨。1946年，费先生在《人性和机器——中国手工业的前途》一文中指出，"我们的问题是如何在现代工业中恢复人和机器以及在利用机器时人和人的正确关系"①，强调机器和人性的协调统一，即技术和文化之间的相互关联性和和谐性的问题。在当时"技术下乡"所引发的关于"人性与技性"讨论的基础上，对技术的发展和文化的关系特别是与中国文化的关系进行了探讨。费先生在这里已经潜移默化地向我们展示出了技术的文化属性的问题，即作为文化的技术和作为技术的文化之间的内在统一性的问题。而人类学的理论和工具，有助于我们理解在技术传播过程中以及技术所导致的直接后果中的不同文化群体的认知和符号意义。这种讨论上升到哲学、社会学意义上就成为技术理性与人性之间问题的讨论。

　　马克斯·韦伯（Max Weber）把现代理性划分为工具理性（技术理性）与价值理性（人文理性），并把人们的行动相应

---

① 费孝通：《人性和机器——中国手工业的前途》，见《中国城乡发展的道路》，50页，上海，上海人民出版社，2016。

地分为工具合理性行动和价值合理性行动。哈贝马斯（Jürgen Habermas）认为，科技进步使人对人的统治"合理化"、技术机制化，而工具理性所造成的极权统治现象，正是认知理性和社会领域之间病态的和非理性的关系，只能通过对社会领域和认知旨趣的合理整合，才得以治愈。他强调人的交往行动与社会的合理性问题，认为通过交往理性可以抵制系统对生活世界的非理性的殖民。与此相关联，马尔库塞（Herbert Marcuse）提出将理性与自由的概念合一的自由理性的概念[①]，特别关注人的潜能的发挥，关注人的幸福生存、权利和自由，在某种意义上可以说这一观念是在科技理性发展的基础上走向健全理性的必要环节。上述社会思想家在理论层面上对理性的讨论，试图给我们解决技性和人性之间的矛盾。

在人类进入信息（资讯）社会、高科技时代的今天，"技术与文化"或"技术与人性"之间的互动关系，仍然是科技与人文的主题之一，甚至在某种程度上高科技时代会有明显的人文复兴潮流，特别是在东方社会，人文特质一定会超越技性对人性的束缚，使得技术、文化和心性达到有机的统一。

最后，我们不能否认，在信息化时代也出现了一些非均等性的现象。以美国为例，它拥有先进的计算机和媒体设备，

---

① ［美］马尔库塞：《现代文明与人的困境——马尔库塞文集》，李小兵等译，175~176 页，上海，三联书店上海分店，1989。

通过国际竞争和联合，创造出新的具有潜力的产业。加之英语作为一种通用的语言，形成一种无形的张力，使得美国化的生活方式和消费文化首先得以在全球范围内传播。同时，在现实生活中，网络的世界仅限于一部分人。而对于很多人来说，这样的世界似乎与他们无缘。他们处于边缘的地位，因此，他们不仅是网络社会的信息贫困者，而且有时也是全球化过程中的贫困者。

（二）人类文化共生的心态观

1990年12月，在日本东京以庆祝费孝通先生80寿辰的名义召开的"东亚社会研究国际讨论会"上，费先生以《人的研究在中国——个人的经历》为题，发表了重要的演讲。在演讲的最后，费先生提出了一个建立人类心态秩序的问题："在这个各种文化中塑造出来具有不同人生态度和价值观念的人们……带着思想上一直到行为上多种多样的生活样式进入了共同生活，怎样能和平共处确是已成为一个必须重视的大问题了。"① 强调人类迫切需要一个共同认可和理解的价值体系，才能继续共同生存下去。1992年9月，在香港中

---

① 费孝通：《人的研究在中国——个人的经历》，见北京大学社会学人类学研究所编：《东亚社会研究》，18~19页，北京，北京大学出版社，1993。

文大学举办的首届"潘光旦纪念讲座"上发表的演讲《中国城乡发展的道路——我一生的研究课题》中，费先生认为人类"必须建立的新秩序不仅需要一个能保证人类继续生存下去的公正的生态格局，而且还需要一个所有人类均能遂生乐业，发扬人生价值的心态秩序"[①]，以此来强调人类文化的不同价值取向在剧变的社会中如何共生的问题。费先生常常提到的"各美其美，美人之美，美美与共，天下大同"不正是建立人类生态秩序的体验吗？

1993 年，费先生在香港中文大学新亚书院座谈会上，在《略谈中国社会学》的发言中，又进一步强调心态的重要性。他认为人的社会有三层秩序，第一层是经济的秩序，第二层是政治上的共同契约，有共同遵守的法律，第三层是大众认同的意识。这第三个秩序就是道义的秩序，是要形成这样的一种局面：人同人相处，能彼此安心、安全、遂生、乐业，大家对自己的一生感到满意，对于别人也能乐于相处。即要有一套想法、一套观念、一套意识，费先生叫它为心态。因此，"如果人们能有一个共同的心态，这种心态能够容纳各种不同的看法，那就会形成我所说的多元一体，一个认同的秩序"，"能否在整个世界也出现这样一种认同呢？……

[①] 费孝通：《中国城乡发展的道路——我一生的研究课题》，见北京大学社会学人类学研究所编：《东亚社会研究》，207 页，北京，北京大学出版社，1993。

过去我们祖先所说的天下大同不过包括亚洲大陆的一部分，现在全人类五大洲能不能一起进入大同世界呢？这是社会学与人类学在 21 世纪共同要解决的大问题"。

关于心态的研究，费先生在 20 世纪三四十年代的著论中已有体现。1947 年，费孝通以《中国社会变迁中的文化症结》为题在伦敦政治经济学院对文化价值观发表了如下重要的观点："一个团体的生活方式是这团体对它处境的位育。（在孔庙的大成殿前有一个匾写着'中和位育'。潘光旦先生就用这儒家的中心思想的'位育'两字翻译英文的 adaptation，普通也翻作'适应'。意思是指人和自然的相互迁就以达到生活的目的。）位育是手段，生活是目的，文化是位育的设备和工具。文化中的价值体系也应当作这样看法。当然在任何文化中有些价值观念是出于人类集体生活的基础上，只要人类社会存在一日，这些价值观念的效用也存在一日。但是在任何文化中也必然有一些价值观念是用来位育暂时性的处境的。处境有变，这些价值观念也会失其效用。"①

"中和位育"几个字代表了儒家的精髓。费先生提出心态秩序的问题，又进一步强调"位育论"的问题。依费先生的解释，"位就是安其所，育就是遂其生。这不仅是个生态

---

① 费孝通：《中国社会变迁中的文化症结——三十六年一月三十日在伦敦经济学院学术演讲稿》，见《乡土重建》，2 页，长沙，岳麓书社，2012。

秩序而且是个心态秩序"①。

看来在伦敦的演讲中，费先生已经开始强调人类文化中价值观念的共同性和特殊性的问题。费先生所提出的心态层次的问题，更进一步地认识到在不同文化的价值观念的背后，隐藏着一种能够在不同文化之间互相调节、认可接受的价值体系。费先生的心态论的提出，就是要在不同的价值取向中找出共同的、相互认同的文化价值取向，建立共同的心态秩序。

作为一个社会人类学家，费先生的研究并没有停留在静态的文化差异上，特别是面对站在世纪之末的舞台上的人类匆匆构筑能够通用的理念和价值的实态，提出了"心态秩序"的问题。在我看来，"心态秩序"含有两个层面的问题：第一，寻求不同的文化价值取向背后的人类文化和心理的一致性；第二，在不同的文化之间寻求理解、互补、共生的逻辑。在此多元的基础上寻出文化的一体，以此来求得"心态秩序"的建立。

（三）全球化中的一国之内的周边民族

在全球化过程中，不同的文明之间如何共生，特别是作为世界体系中的中心和边缘以及边缘中的中心与边缘（如相

---

① 费孝通：《中国城乡发展的道路——我一生的研究课题》，见北京大学社会学人类学研究所编：《东亚社会研究》，207 页，北京，北京大学出版社，1993。

对于世界体系西方中心的观点，中国等非西方社会处于边缘的位置。而在中国从历史上就存在着"华夷秩序"，形成了超越于现代国家意义上的中心和边缘）的对话，周边民族如何才能不成为"永远的边缘民族"的话题，越来越成为人类学所关注的领域。

20 世纪可以说是文化自觉地被传承、被发现、被创造的世纪。这一文化也是近代以来民族—国家认同的一个重要源泉。在中国这样一个多民族社会中，不同文化之间的共生显得非常重要。事实上，在我们的理念上，存在着一种有形无形的超越单一民族认同的家观念——中华民族大家庭，这个家又成为民族之间和睦相处的一种文化认同。

中国是一个统一的多民族国家，被识别的少数民族有55 个，人口总数已超过 1 亿大关。中国少数民族的分布非常广泛，现有民族自治地方行政区划的面积占全国陆地面积的 64% 左右。受历史上民族间的交流、互动的影响，中国境内各民族在地理分布上形成大杂居、小聚居与散居的格局。当然，这一居住格局不是静态的结果，而是动态的历史过程，至今仍处于动态的分布和再分布的过程中。

由于分布在不同地区的民族之间的交往和相互依存，在中国境内形成了一定的历史文化民族区，如东北和内蒙古区、西南区、西北区、中东南。但从生态和文化的关系上又可分为草原生态民族区、森林生态民族区和山地农耕生态民族区等。这些历史民族区和生态民族区之间的联系，通过民族走廊把相对独立的民族区互相沟通起来。中国著名的民族走廊主要有河西走廊、丝绸之路、长城与草原之路、半月形文化传播带、岭南走廊、藏彝民族走廊、茶马故道和南方丝绸之路等。在这些不同民族的交错地带，从历史上就建立了经济和文化的联系。久而久之，形成了具有地区特色的文化区域。人们在这个区域中，你来我往，互惠互利，形成了多元文化共生的格局。各民族历史上的迁移、分化、融合，使得在中国境内的民族形成了"你中有我，我中有你"的中华民族多元一体格局。

1988 年，费先生在香港中文大学发表了著名的《中华民族多元一体格局》演讲，从中华民族整体出发来研究民族的形成和发展的历史及其规律，提出了"多元一体"这一重要概念。费先生在讲演中指出，"中华民族"这个词是指在中国疆域里具有民族认同的 11 亿人民，"它所包括的 50 多个民族单位是多元，中华民族是一体，他们虽则都称'民族'，但层次不同"。接着他进一步指出："中华民族作为一个自觉的民族实体，是近百年来中国和西方列强对抗中出现的，但作为一个自在的民族实体则是在几千年的历史过程中形成的。中华民族的主流是许许多多分散独立的民族单位，经过接触、混杂、联接和融合，同时也有分裂和消亡，形成一个你来我去、我来你去、我中有你、你中有我而又各具个性的多元统一体。"我认为,多元一体理论并非单纯是关于中华民族形成和发展的理论,也非单纯是费先生关于民族研究的理论总结,而是他对中国社会研究的集大成。正如他所说:"我很想利用这个机会,把这一生中的一些学术成果提到国际上去讨论。这时又想到了中华民族形成的问题。我自思年近80,来日无几,如果错失时机,不能把这个课题向国际学术界提出来,对人对己都将造成不可补偿的遗憾。"[①] 因此,费先生事实上是从作为社会的民族这个角度来探讨与国家整体的关系,这是其社会和国家观的新的发展。"中华民族"的概念本身就是国家民族的概念,而56个民族及其所属的集团是社会构成的基本单位。这从另一个方面勾画出多元社会的结合和国家整合的关系,即多元和一体的关系。在多元一体格局中,汉族是各民族凝聚的核心。

"中华民族"是20世纪初才出现的称谓,目前"中华民族"既是中国各民族的总称,又是中国各民族整体认同的一种体现。翻开中国的历史,可以说是一部中国各民族的交流史。中国历史上涌现过众多的少数民族,这些民族和汉族一道共同创造了中华民族的历史。早在秦汉之际,中国便已成为一个幅员辽阔的多民族国家,而汉民族也是在不同的历

---

① 费孝通主编:《中华民族多元一体格局》,49~50页,北京,中央民族大学出版社,2018。

史时期，从点到线、从线到面，像滚雪球一样融合了许多的民族成分，形成的一个兼容并包的民族。当然，汉民族的这一雪球，通过文化的积累与认同，在历史的长河中，表现出特有的文化底蕴，滚出了今天这一具有非常强的凝聚力的汉族。这一多民族的统一体，已存在了近两千年。不管是中原的汉族还是周边的少数民族政权入主中原，建立王朝，都自认为是中国的正统。这些朝代也都是多民族构成的国家，也都不同程度地面临着民族问题、民族政策和天下统一问题。在中国这一沃野上，先后生息和居住过许多民族，有的民族消失了，另一些民族又成长起来。在这一历史过程中，虽然曾经出现暂时分裂割据或几个政权并存的局面，但都是短暂的。统一的多民族国家是中国历史发展的主流。与此同时，伴随着中国历史上的各民族的多元起源与发展，不同的民族都不断地发扬着自己的民族传统。中国历史上民族之间固然有冲突、对抗乃至战争，但各民族之间的经济文化交流、借鉴、吸收和互补，促成了各民族的共同进步和发展。而民族之间的文化交流也是民族文化再创造的动力和资源，如"茶马互市""盐茶互市""丝绸之路""和亲""赵武灵王胡服骑射""蒙古的藏传佛教"等。在这一多民族共生关系的历史过程中，多元一体的关系形成并进一步密切了。即在汉族与周边少数民族的互动过程中，少数民族和汉族形成双向的文化交流过程，最终整合出中华文化。中华文化的基础，就是中国各民族对中华民族这一共同体的认同。1840 年以后以及 20 世纪前半叶，中国这一多民族的国家在抵御帝国主义的过程中，进一步强化了中华民族的凝聚意识和认同感。这一特有的凝聚意识和凝聚力也是中国多民族社会存在的基础，最终促成了中华民族多元一体格局。

中国境内各民族的经济生活一方面是各民族自身的选择结果，另一方面是各民族间互相交流的历史产物。"你中有我""我中有你""少数民族离不开汉族""汉族离不开少数民族"等用语，形象地反映了中国民族关系的特点，是多元一体格局的现实体现。这一历史文化传统正是今天民族地区共同繁荣的现实基础。

费孝通先生特别注重沿海和边远地区的发展，特别是边远地区少数民族共同繁荣的问题。他倡议并身体力行对黄河中上游西北多民族地区、西南六江流域民族地区、南岭走廊民族地区、武陵山区山居民族地区、内蒙古农牧区等进行综合性研究。他始终强调"西部和东部的差距包含着民族的差距。西部的发展战略要考虑民族因素"。而民族特点是一个民族在历史过程中形成的，适应其具体的物质和社会条件，因此费先生提出了依托历史文化区域推进经济协作的发展思路。例如，"黄河上游多民族开发区""开发大西南"的设想就是基于地区文化传统而提出的。"以河西走廊为主的黄河上游一千多里的流域，在历史上就属于一个经济地带。善于经商的回族长期生活在这里。现在我们把这一千多里黄河流域连起来看，构成一个协作区"，这个经济区的意义就是重开向西的"丝绸之路"，通过现在已建成的欧亚大陆桥，打开西部国际市场。此外，民族地区的经济发展和现代化，另一个重要渠道就是地区之间的互补与互助，进一步缩短东西部之间的距离，促进民族地区经济的发展和繁荣。目前，几乎所有的民族自治地方，都与内地和相邻的汉族地区建立了包括对口支援、横向经济联合等多种形式在内的经济技术协作与文化交流关系，这也是一种新型的民族关系的现实体现。

由于对中国的民族格局的睿智的把握，费先生在1999年建议国家民委进行人口较少民族的调查研究。2000年组成了由北京大学、国家民委民族问题研究中心、中央民族大学等单位组成的"中国10万人口以下少数民族调研团"，分为新疆组、甘肃青海组、云南组、东北内蒙古组四个组，分别在2000年、2001年对10万人口以下的22个少数民族进行了调查。我当时作为东北内蒙古调研组的组长，负责赫哲族、鄂温克族、鄂伦春族的调查协调工作。2000年秋，当我从大兴安岭鄂伦春地区回到北京去看望费先生时，费先生非常认真地听完了我关于这一地区的调查汇报，并不断鼓励我要做好关于小民族的课题。

2001年7月，在北京大学社会学人类学研究所和西北民族学院共同主办的第六届社会学人类学高级研讨班上，费先生特别针对人口较少民族问题做了《民族生存与发展》的讲演。他说：

> 这几年我常常在心里发愁的是，在 1998 年第三次高级研讨班上一位鄂伦春族的女同志向我率直地提出的一个问题："人重要还是文化重要。"她的意思是她看到了自己民族的文化正受到重大的冲击，而且日渐消亡，先要把人保住，才提得到文化的重建。她提出的问题很深刻也很及时，因为在这全球化的浪潮之中，一些根柢不深、人数又少的民族，免不了要发生这个听来很触目惊心的问题。我一直把这个问题放在心上。同时又记起我在大学里念书时读到的一本英国人类学者(Peter Rivers)写的书，书名叫 *Clash of Cultures*（《文化的冲撞》）。他写的是澳大利亚土著居民怎样被消灭的故事。他说在一个文化被冲撞而消灭时，土著人也就失去了继续活下去的意志。就在我在英国留学期间(1936—1938 年)，就曾在报上读到澳大利亚南端 Tasmania（塔斯马尼亚）岛的土人最后死亡的消息，对我震动很大，因之一直在心头烦恼着。
>
> ……我在 1987 年考察呼伦贝尔盟（今呼伦贝尔市）和大兴安岭时，看到了鄂伦春族的问题。我们的政府的确也尽力在扶持这个民族。他们吃住都没有问题，孩子上学也不要钱，但本身不成为一个有生机的社区，不是自力更生的状态。……所以我脑子里一直有一个问题：在我国，万人以下

的小小民族有十多个，他们今后如何生存下去？在社会的大变动中如何长期生存下去？实际上在全球一体化后，中华文化怎么办也是一个类似的问题，虽然并不那么急迫，而小小民族在现实生活里已有了保生存和保文化相矛盾的问题了。

……跨入信息社会后，文化变得那么快，小民族就发生了自身文化如何保存下去的问题。在这种形势下，不采取办法来改变原有的生产和生活方式是不可能的，问题是如何改变……

……在全球文化发展和交融的时代，在一个大变化的时代里，如何生存和发展？怎样才能在多元文化并存的时代里，真正做到"和而不同"？……人类共处的问题要好好解决，这是要付出代价的，甚至生命的代价。保文化就是保命，保住人也才会有文化，因为文化是人创造的，它是保命的工具。所以一切要以人为本，才能得到繁荣和发展。[①]

费先生的讲演，事实上道出了中国 55 个少数民族中人口较少民族在现代化的过程中出现的新问题，即"保人"和"保文化"的问题。之所以提出这些问题，与这些人口较少民族在地理上大多处于所谓边缘的位置，甚至可以说他们是周边中的周边民族有关。这些民族的发展和出路，是在全球

---

① 费孝通：《民族生存与发展——在中国第六届社会学人类学高级研讨班开幕式上的即兴讲演》，载《西北民族研究》，2002（1）。

化过程中必须重视的课题。类似于中国的人口较少民族所出现的问题，在其他国家和地区也都存在着。

例如，作为采集狩猎民的鄂伦春族遇到的问题，在世界其他的采集狩猎社会也有类似的现象。采集狩猎民（gatherer-hunter）也称为狩猎采集民（hunter-gatherer），这在人类学上是非常古老的用语。这一研究构成了人类学早期对"社会理论"建构的基础。正如人类学家所指出的："采集狩猎社会的研究，相对于社会人类学其他的分支，有其独自发展的特点。所以，她不仅仅是和一般的社会人类学相联系，而且在某种程度上可以说是称为人类学这门学问的中枢。对于像人类的本质这类的问题，没有比采集狩猎社会更能准确地回答的领域。"[1]

采集狩猎民大多处于一国之内或一个文化区域中非常边缘的位置上。在多民族多文化的一国中，她往往还处于这些周边民族的边缘，可以说是周边中的边缘民族。日本人类学家清水昭俊教授把"周边民族"的形成，放在近代世界历史的脉络中进行梳理后指出，历史上很多的先住民族在与其他的民族保持统治—被统治和同盟关系的同时，形成了地方的网络，这一网络是由政治经济的力学面向周边所建立的秩序。

---

[1] Barnard and Woodburn, "Property, Power and Ideology in Hunter-Gathering Societies: An Introduction," in *Hunter-Gatherers*, eds. Tim Ingold et al., Oxford, Berg, 1988, pp.4-31.

在这一过程中，人们已经自觉认识到自己周边的位置，由于"中心"的存在，形成了周边的民族。[①] 这些民族自近代以来，在以西欧社会为中心所形成的世界的网络以及周边中的中心和边缘的网络中，亲身体验到了各种各样的变化。可以说很多狩猎民族就是自近代以来作为周边民族的一部分而形成的。中国的小民族如鄂伦春族也不例外。

翻开我们人类的历史，以目前考古学的资料来看已有近450万年的历史，但在这一历史的长河中，有449万年的历史是以采集、狩猎、捕鱼为基础生活的。即使是今天，世界各地仍然有很多的采集狩猎社会。在全球范围内现存的狩猎采集民，人类学领域非常熟悉的为南非的布须曼人(Kung Bushman)和姆布蒂俾格米人（Mbuti Pygmy），澳大利亚的原住民雍古族（Yolngu），北极圈的因纽特人（Iunit），以及东北亚地域的通古斯系的分布在俄罗斯的埃文科人和中国内蒙古东北兴安岭深处的鄂伦春人、部分鄂温克族等。采集狩猎民社会对于一般处于所谓"工业文明"社会的人来说，是一个"与自然共生"、"与地球和谐相处"、令人向往、富有想象空间的原初社会。

与农耕社会的"男耕女织"相对应，在狩猎采集社会

---

① ［日］清水昭俊：《永远的未开文化和周边民族》，载《国立民族学博物馆研究报告》，第 17 卷，第 3 期，1992。

中男女的分工以年龄、性别为基础。主要为"男猎女采"即男子打猎女子采集，食物的分配也相对平均。或许经济学者对于这类社会的生活感到非常苦涩。而人类学通过民族志的研究，感受到狩猎采集社会那种牧歌式的浪漫。萨林斯就把狩猎采集称为"原始的富裕社会"(original affluent society)。这一观点主要强调狩猎采集民并不希求食物以外的东西，而且，在那里如果有食物，他们就拥有了所希望有的一切。

当然，他们目前具体的生活和技术的变迁，已和我们的想象相去甚远。特别是在最近几十年间，全球范围内的采集狩猎社会几乎都面临着一些共同的问题。（1）一些国家和地区从法律上禁止采集狩猎活动；（2）在一些温暖地带，由于开发农田和耕地，森林等资源环境受到严重的破坏，狩猎民失去了狩猎的家园；（3）有关国家和地方政府在不同时期所采取的定居化政策以及社会福利政策等，使狩猎民处于相对集中的居住区内，受到各种政策的保护，让他们远离狩猎的地方等。

可见，费先生提出的"小民族、大课题"的研究，不仅在具体的政策层面能为当地人、当地经济文化的发展提出科学的报告，而且通过对中国小民族的人类学研究，为世界人类学和民族学的理论建设，也能提供重要的理论和实践的佐证。甚至在某种程度上，中国多元民族社会共生的文化理念，也会为全球范围内文化之间的理解、文明之间的对话提供重要的经验。当然文明之间的对话，无疑也是缩小固有的"中心"与"边缘"之间的政治、文化、经济、心理等距离的重要渠道。

（四）"文明间的对话"与"和而不同"的全球社会

与亨廷顿的"文明间的冲突"相对立，1998 年联合国提出了"文明间的对话"理念，强调不同文化与价值、不同民族、不同宗教的人们，通过深入的交流和对话，达到文明之间的共生的理念，并把 2001 年确定为"文明间的对话年"。冷战结束后，在全球范围内原有的但一直隐匿起来的来自民族、宗教等文化的冲突愈演愈烈，学术界关于不同民族社会的比较研究，越来越成为人们关注的焦点之一。据统计，自 1988 年以来，全世界爆发的武装冲突，除了伊拉克入侵科威特的战争，大都是由内部民族问题引起的。有研究者曾做过统计，从 1949 年到 20 世纪 90 年代初，民族冲突造成的伤亡大约为 169 万人，数倍于在国家间战争中死亡的人数。诸如苏联解体后，一些民族的主权与独立问题，非洲的索马里和苏丹，亚洲的缅甸和斯里兰卡，前南斯拉夫的克罗地亚、塞尔维亚、波黑及现在的科索沃问题等。特别是"9·11"事件后，在"正义"的旗号下，"文明间的对话"理念,越来越成为人类所关心的大课题。而"文明的"或"文明间的"具体所指的文明可有不同角度定义下的分类,如亨廷顿以文化和宗教为基础把冷战以后的世界划分成"八个文明圈",这种分类原则没有超越固有的传统的"西方"和"非西方"二元对立的原则。而从人类学的角度对人类文明的分类,则更倾向于如下,即游牧文明、农耕文明、工业文明、信息文明(见表1)。

表1　文明:历史的变迁和联系

项目	游牧文明 历史的黎明 至今	农耕文明 公元前 8000 年至今	工业文明 1750 年至今	信息文明 1971 年至今
生产方式: 经济	狩猎、采集、 家畜	农业、采掘	制造、 服务业	知识产业
正当性的方式: 统治	血缘	宗教	政治	经济
秩序的方式: 社会	父系	多国籍农耕 国家,都市国 家封建制度	民族国家, 民族主义的 产业国家	超级大国,多 国籍企业, TMCs,IGOs, AGOs,NGOs, UNPOs
交流的方式: 技术认同	口头语言 祖先,移动 自然崇拜 巫术仪式	书写语言 宗教 地域 哲学	印刷 世俗 国家 意识形态	电子 地球 全球 环境保护

TMC: Transnational Media Corporation(多国籍多媒体企业)

IGO: Intergovernmental Organization(政府间组织)

AGO: Alternative Governmental Organization(代替政府组织)

NGO: Non-governmental Organization(非政府组织)

UNPO: Unrepresented Nations and Peoples Organization(弱小国家、民族组织)

资料来源：Majid Tehranian(2001), *Fourth Civilization: Globalization of Culture and the Culture of Globalization*，参见津田幸男等编：《グローバルーコミュニケーション论》，18页，ナカニシャ出版，2002。

上述各个文明之间并非简单的如早期的进化论所提到的替代的问题，而是相当多的文明在同一时空中共存的问题。同时，文明间的对话，毫无异议地包括同一文明内的不同文化之间的对话。例如，狩猎采集社会在文明的对话以及全球化的过程中的政治权利、社会和文化以及生产如何，所面临的问题以何种具体的方式表现出来，未来的发展方向如何，都应该成为全球化与文明对话中一个具体的研究领域。这一研究对于了解人类的本质和文化与社会理论有着重要的意义，并在人类学的学科历史上占有重要的位置。费先生所提出的"心态秩序"的建立以及"和而不同"的全球理念，无疑是文明间对话的基础。

2000年7月，在北京召开的"国际人类学与民族学联合会"(IUAES)上，费先生做了题为《创建一个"和而不同"的全球社会》的主题发言。在发言中，费先生特别强调多民族之间和平共处，继续发展。如果不能和平共处，就会出现很多问题，甚至出现纷争。实际上这个问题已经发生过了。

他指出，过去占主要地位的西方文明即欧美文明没有解决好的问题，在这几年逐步凸显出来了。事实上也发生了很多的地方性的战争。就在人类文化寻求取得共识的同时，大量的核武器、人口爆炸、粮食短缺、资源匮乏、民族纷争、地区冲突等一系列问题威胁着人类的生存。特别是冷战结束后，原有的但一直隐蔽起来的来自民族、宗教等文化的冲突愈演愈烈。

从这个意义上说，人类社会正面临着一场社会的"危机"、文明的"危机"。这类全球性问题所隐含着的潜在危机，引起了人们的警觉。这个问题，看来原来已有的西方学术思想还不能解决，而中国的传统经验以及当代的民族政策，都符合和平共处的逻辑。

费先生在发言中进一步指出，不同的国家、民族、宗教、文化的人们，如何才能和平相处，共创人类的未来，这是摆在我们面前的课题。对于中国人来说，追求"天人合一"为一种理想的境界，而在"天人"之间的社会规范就是"和"。这一"和"的观念成为中国社会内部结构和各种社会关系的基本出发点。在与异民族相处时，把这种"和"的理念置于具体的民族关系之中，出现了"和而不同"的理念。这一点与西方的民族观念很不相同。这是历史发展的过程不同即历史的经验不一样。所以中国历史上所讲的"和而不同"，也是多元一体理论的另一种说法。承认不同，但是要"和"，这是世界多元文化必走的一条道路，否则就要出现纷争。只强调"同"而不能"和"，那只能是毁灭。"和而不同"就是人类共同生存的基本条件。

费先生从人类学的视角，把"和而不同"这一来源于中国先秦思想的文化精神，理解为全球化过程中的文明之间的对话和多元文化的共生，可以说这是建立全球社会的共同理念。"和而不同"的理念也可以成为"文明间对话"以及处理不同文化之间关系的一条原则。

上述费先生的第三篇文章主要从人类的整体观、技性与人性、文化的共生与文明的对话等视角来讨论全球体系中的中国社会内部的多民族多文化的相处之道，以及中国的文化理念和思想如何成为全球化过程中的重要的文化资源。这种讨论，也是全球化与地方社会对应关系，经由人类学视角所进行的具体的努力和实践。简言之，中国社会和文化中所积累起来的对异文化理解的精髓与人文精神，一定会为"和而不同"与高科技的全球社会的建立发挥积极的作用。正如《大趋势》作者约翰·奈斯比特在与他人合著的《高科技·高思维——科技与人性意义的追寻》①的中文版序中提到的："我们相信，中国文明，作为世界上仅存的拥有悠久历史的文明之一，在高思维方面能为人类做出许多贡献，例如中国人对天、地、人的看法，灵性、伦理、哲学和人际关系的丰富知识。随着中国和大中国文化圈的重新崛起，发扬其宝贵文化传统的复兴也将为世界提供宝贵的'高思维'资源，从而有助于我们在高科技时代寻求人性的意义。"

（本文原刊于《开放时代》，2005 年第 4 期）

---

① ［美］约翰·奈斯比特、娜娜·奈斯比特、道格拉斯·菲利普：《高科技·高思维——科技与人性意义的追寻》，尹萍译，北京，新华出版社，2000。

◎ "费孝通问题"：民族志的政治经济学*

恩师费孝通先生发表《中华民族多元一体格局的形成和发展》一文距今（2018 年）刚好 30 周年。就在几天前，中国社会科学院民族学人类学研究所主办了这一纪念会议。在会上我提到，费孝通先生留给学界的遗产是一座丰富而又多维的知识宝库，我们理解费先生的思想也可以从多维的角度展开。从经验的层面要从小社区扩展到大世界，从思想的层面要关注先生如何理解中国文明的进程、中国思想体系的内部结构，以及在中西文化交流、世界文明间对话的框架下，去理解费先生的思想判断。所以，对费先生"中华民族多元一体格局"的讨论，

---

* 本文为黄志辉《重温先声：费孝通的政治经济学与类型学》（北京，九州出版社，2018）书序。

更离不开这一多维的框架，不应仅就民族而谈民族。

记得我第一次陪同费先生到武陵山区调研，在车上他就说他一生写了两篇文章，一篇是关于汉族社会的文章，一篇是关于少数民族社会的文章。2005 年费先生离开我们后，《开放时代》杂志约我写一篇纪念性的文章，于是我写了《费孝通先生的第三篇文章：全球化与地方社会》。因此，费先生的三篇大文章涉及了汉族社会、少数民族以及全球化这三个重要的领域。在这个总的领域中，费先生提出了很多问题，包括中国农村、中国工业向何处去？如何通过对民族地区的调查，来认识多民族中国社会的整体形态？在具体的社区研究中，如何处理全球化和地方性的关系？如何处理城乡协调发展以及区域发展的问题？中国思想文化中的优秀传统，怎样通过文化自觉的转化，成为认识当下中国社会知识构成的重要来源？中国文明如何贡献于 21 世纪"和而不同"的全球社会？等等。他对这一系列问题的提出与回答，构成了一种具有人文关怀的精神、迈向人民的具体实践、具有全球和谐共生的理念等特征的总体性理论与实践。我在很多场合说过，费先生的学术和应用，已经构成了总体性"费孝通问题"。

费先生的这三篇文章并不是孤立的，而是有机地联系为一个整体。其中的实证研究、方法论思考以及理论升华，呈现了开放而又立体的问题意识和知识体系，背后是费先生对于人文价值、人文发展、现代性与美美与共的未来的思考。先生为人、为学均十分谦和、包容。在北京大学跟随他读博士期间,以及后来留学回来到北大工作后,他和我们讲了很多具有启发性的话,他要为后学破题引路,但开风气不为师。

对这个总体性"费孝通问题"的思考和发掘,一直是我们几代学人努力的事情。早在20世纪三四十年代的"燕京学派"时期,费孝通先生身边的诸多杰出青年,就有通过共同调查和实践,去认识中国社会的理念。也因此产生出了中国社会学、人类学在1949年前的"黄金时期":"魁阁学派"。这一传统一直影响着今天的中国社会研究。

坦率地说,"魁阁学派"以及同时代的学人,与费先生的时空距离比较接近,费先生和他们一起讨论、研究,逐渐形成了一个真正的学术共同体。到我们这一代,正是中国改革开放时期,很多现实研究问题摆在我们面前,如计划与市场、城乡二元体制、东部与西部的发展格差等。在此背景下,费先生的关怀更多地是直面中国社会的现实问题。我在北大读博士的研究方向就是"城乡社会学",博士生入学考题之一就是"如何理解中国的城乡二元结构"。我们当时就是在这样的时代背景下讨论、思考中国的发展问题。但我们的研究各有侧重,整体上没有形成一个"魁阁"式的学术共同体。不过,费先生早年的学术遗产一直在影响着我们的学术之路。

因此,我们这代人的研究,包括对费先生学术思想的讨论,是和我们自身的学科训练与研究旨趣联系在一起的。但是,知识体系的不断变革，要求我们从不同的视角来认识、理解费先生思想的整体性。近年来，我看到一些青年学者出版了数部研究费先生的著作，分别从社会治理、知识谱系、思想史、心态史等角度出发，提供了诸多鲜活的视角。如果说阿古什（R. David Arkush，又译作欧达伟）和我们这一代人中的很多学者，在认识费孝通的总体性命题时，习惯于将他与时代背景紧密相连，那么青年学者从某个主题的角度出发展开的追问与思考，反而让读者有独出机杼、热情洋溢之感。如果费孝通的思想与实践能与当下的社会文化议题相契合，那么说明他本来就超越了他自身那个时代的局限。况且，在各种信息大繁荣的今天，青年学者同样有足够多的信息渠道，去理解费孝通以及他在20世纪各阶段的时代背景。所以，几代学人各有贡献，几代人之间应该是一种互相聆听而非单向继承的关系。

《重温先声：费孝通的政治经济学与类型学》的作者黄志辉是青年一代对费先生思想的发掘者之一。黄志辉曾在中山大学人类学系跟随我硕博连读，他于2011年6月毕业后，就来到中央民族大学任教。2016年4月，我也因为各种机缘调入中央民大工作。我们目前是在同一个学院工作的同事。这些年来，我比较熟悉他的一些学术考虑。在中山大学马丁堂的课上课下，他经常会和我讨论费先生的研究议题、师承脉络；在华南农村研究中心，我放了一套群言出版社的《费孝通文集》在那里，他和几位同门师兄弟经常人手一本，不断翻阅、讨论。黄志辉的博士论文主要研究的是珠三角世界工厂中的底层农业工人——代耕农群体，所以他非常关注费先生有关人口、土地、社会及变迁的论述。我主编的"民族与社会"丛书中，选入了他的《无相支配：代耕农及其底层世界》一书，书中对"离乡不离土"的代耕农的研究，接续了费先生的相关经验研究，而且具有理论深度。到中央民族大学工作后的这七八年间，他也没有停止阅读费孝通。本书中的每一篇章，至少意味着他把《费孝通文集》第一至第十六卷从前至后阅读了一遍。虽然最近几年他还有其他的研究计划，但对费先生的关注一直没有中断过。

在与黄志辉讨论有关费先生的著述时，我逐渐知道他的几个有特点的立场，值得在这里一提。例如，他认为青年读者在阅读费孝通时，不应只是关注"文化自觉""多元一体"等"大型"概念，而应考虑费先生对于现实发展问题的具体实践方略和政治经济学维度。黄志辉认为，关注社会重建与政治经济学，同样是重要的学术思想表达，因为重建的实践议题与政治经济学的批判取向要在民族志的田野调查中实现，就必须倚仗文化功能学与解释学。同时，要在田野中发现当地人的思想与文化逻辑。但如果过度地将费孝通的研究引向文化归纳学或社会哲学，就有可能与费先生的本意有所出入。

再如，《乡土中国》与《乡土重建》两本书，黄志辉跟我说过数次他更青睐后者，大致的理由是，《乡土中国》固然很重要，书中集结了天才般的灵感，但它最初毕竟是以一本教材面世的，书中的每个章节几乎都可独立，较为零散；但《乡土重建》不同，它是一以贯之的专著，对乡村工业化和合作组织的建设方案、乡绅地主的出路以及乡村政治治理的具体路径，都有系统、连贯而独到的分析。因此，黄志辉认为，仅仅拿着《乡土中国》中的"差序格局""无讼社会""礼治秩序"等概念，来比照当下中国的城乡现实问题，是远远不够的，至少还应该系统地关注《乡土重建》《中国绅士》等著作中蕴含的丰富的乡村振兴思想。他跟我提过，他最喜欢的几本费先生写的著作是《禄村农田》《乡土重建》《江村经济》，再后就是《生育制度》《花篮瑶社会组织》《乡土中国》等。显然，他对民族志的优先趣味，影响了他对这些著作的排序。不过我同意的是，对于要迈入实证科学研究的青年学者来说，如果花很多时间来讨论费先生提出的几个抽象概念，不如先从现实问题入手进行讨论，再回到抽象概念的思考路径，我觉得这样更有利于实证取向研究的发展。

本书（按：在本文中"本书"均指《重温先声：费孝通的政治经济学与类型学》）的书名中有"先声"二字，音同"先生"。今天去江苏吴江开弦弓村，我们还能听到那里的老人一谈起"费先生"，就会眉飞色舞。但若是回溯至80年前，开弦弓村人说"费先生"，可不是指费孝通，而是指费孝通的姐姐费达生。当年，费达生倾其家私，为开弦弓村人设立现代的缫丝合作工厂，意图改善村民的生活，赢得了开弦弓人的信任，被普遍地称为"费先生"。对于农民和底层劳动者来说，那些最切实际、最接地气的知识分子，才容易被真心地唤作先生。20多岁时的费孝通也将姐姐的公心实践称为"复兴丝业的先声"，可谓"能指"与"所指"的合拍。20世纪30年代，费孝通被开弦弓村人称为"小先生"，这还是沾了姐姐的光。只是到了中华人民共和国成立以后，才成了"大先生"。

费孝通被民间尊为"先生"，主要是因为他也关注富民实践，体察社会疾苦。他的早期文字中充满了苦难的重量，晚年文字中则洋溢着追求幸福的方向。诚如本书中的一章所论述的那样，中国以及中国的相关问题、发展方向，既是他的研究单位，也是他的问题域；既是他的出发点，也是他的落脚点。他习惯于在中国文明的内发视野中，去研究与同时代政治经济体系相适合的实践道路。他对开弦弓村、禄村、西南工厂以及改革开放后的小城镇道路、各民族区域发展方向都给予了重点关注。总之，费先生的各种先声实践，是他从老百姓中获得尊重的根源。

在本书中，黄志辉将费先生的经济实践称为文化人类学的政治经济实践，而将早期的几本经典民族志称为"民族志的政治经济学"。黄志辉看到了费先生早期书写的惯习，并非只是受吴文藻、罗伯特·派克（Robert Eara Park）、马林诺夫斯基（Bronislaw Malinowski）、拉德克利夫 - 布朗（Alfred

Radcliffe-Brown）等人的功能理论、社区理论、结构功能论的影响,雷蒙德·弗思（Raymond Firth）以及R.H.托尼（R.H.Tawney）的经济人类学理论,也强有力地影响了费先生的文脉走向。因此,他将费先生的方法论总结为"文化价值论和政治经济学的双重视角"。诚然,不论是在江村还是在禄村,我们确实都能看到费先生对"土地与地租""劳力与收入""资本与工资"等议题展开细致的分析,而这些都是古典政治经济学大师们必不可少的分析要素。不过本书作者总是提醒读者,费先生对土地、劳力、资本的价值计算,从来都存在多种计算方法的来源。地方性的或中国文明内在的知识体系会提供一套价值观,世界资本体系会提供另一套价值观。只是当后者以霸权姿态和强势话语出现,前者就会受到挤压乃至毁灭。

　　本书不断提及的费先生的"政治经济学",不仅是微观社区的经济人类学研究指南,也是宏观世界的观察棱镜。黄志辉在开篇中这样说:"政治经济学不是一种'庸俗'的权力学说和简单的平等召唤,它的价值论立场和对劳动力、商品、土地以及资本的分析性关照,可以与民族志对'人'与'物'的深描结合,并且对各个区域中出现的民族政策实践、资本运作以及社会关系提出批判与反思。此外,民族志的文化视野可以矫正普世的政治经济学分析框架,在地方与国家、地方与全球之间寻求一条适合的文化自觉道路。"在这样的表述中,我非常同意年轻人去追寻类似的"民族志的政治经济学"，通过政治经济学的技术分析去判断社会的公平与正义，又通过民族志的文化解释路径，将技术分析拉回到中国自身的社会文化基调中来，丰富当下中国民族志的新人文时代。

此外，本书还总结了费先生的类型学。《费孝通文集》中出现的有关"城市""权力""家庭""经济""知识分子"等类型，作者都做了一一梳理。将费先生各种零散的类型学系统表述出来，这是非常有益的工作。尤其是书中"费孝通先生的城镇类型观"一章，呈现了费先生丰富的"城观"，在以往关于农村社区、民族走廊、地方区域等几种常见的类型学表述上，再次增加了重要的维度。费先生有关城镇的主类型、次类型分析，被作者前后连贯地表述了出来。作者甚至比较分析了类型间的关系，烘托出"区域内与区域间的发展伦理"这一重要学术判断，为当代的城镇发展提供了总体性的参照。

总而言之，我比较同意黄志辉的判断，费先生有关民族志的政治经济学以及各种类型学的表述，也是前述有关总体性"费孝通问题"的重要组成部分。在我看来，本书是入道不久的青年学人对经典思想的追索，作者希望站在费先生的知识基础上，看得更远一些。虽然，本书中有些篇章的讨论还不够深入，延展还不够充分，但是读者能从字里行间看出作者的努力、激情和对学术真谛的孜孜追求。实际上，我们现在看到的青年人对本土经典的解读还是太少了，希望这样的作品越来越多，越来越丰富。

◎ 美美与共 *

呈现在读者面前的《美好社会与美美与共：费孝通对现时代的思考》一书，是我编辑的恩师费孝通先生晚年的文集，体现了他改革开放以来对中国社会的认识与对美好社会的憧憬。可以毫不夸张地说，对今日中国社会学、人类学影响最大的学者当首推费孝通先生。然而，就在 2005 年 4 月 24 日晚，先生离开了我们，留下了累累的研究成果，辉煌的学术思想，等待着我们去发掘、学习、传播和升华。

本书（按：在本文中，"本书"均指《美好社会与美美与共：费孝通对现时代的思考》）所收集的几个领域就是以

---

* 本文为费孝通著、麻国庆编《美好社会与美美与共：费孝通对现时代的思考》（北京，生活书店出版有限公司，2019）编者后记。

先生的三篇大文章为基础，即"城乡协调发展""民族与社会发展""全球化与文化自觉"，最后加上先生有代表性的学术反思和学科建设的思考。本书所收先生的文章，主要是改革开放以来的作品。但这些研究与先生之前的研究，有着一脉相承的联系。

先生的城乡研究，在方法上特别强调类别与层次、部分与整体、多元与一体等。我们当时在北大读博士的方向就是城乡社会学。费先生从江村到禄村再到20世纪80年代的《小城镇，大问题》《中国城乡发展的道路》等，已经把村落、城镇、区域发展等连接为一个整体，强调"离土不离乡"的小城镇模式在城乡协调发展过程中的核心位置。在此基础上提出的"苏南模式""温州模式""珠江模式"等发展模式，主要是从内在的动力角度来探索发展的特殊性，后来日本著名的发展社会学家鹤见和子教授把先生的这些研究归纳为"内发型发展论"的原型。包括先生的边区开发、下活全国一盘棋等思路，事实上都是在思考中国研究特别是中国的社会学人类学研究如何解决"部分"和"整体"的关系；先生的城乡发展模式，对于今天的乡村振兴战略、城乡统筹等依然有积极的借鉴意义。

民族研究是先生的第二篇大文章。在1949年之前，费先生第一个人类学意义上的田野调查正是少数民族——瑶族。为什么他的调查生涯要从少数民族开始？据先生讲，民族调查可以说是认识社会与文化的基本功。当时他的老师史禄国（Sergei Mikhailovich Shirokogorov）先生说过，要认识自己生活的系统，先要找一个同自己生活习惯不同的社区进行实地观察。

先生在进入 20 世纪 50 年代初之后，一直到 1957 年，主要精力都放在少数民族的调查和研究上。他参与并领导了从 1950 年起进行的中国民族调查与民族识别工作，在这个过程中，先生灵活运用和发展了"民族"的定义和特征，在实践中科学地指导了中国的民族识别工作。改革开放后，他在对民族研究积累的基础上，于 1988 年在香港中文大学发表的《中华民族的多元一体格局》的"特纳"（Tanner）演讲，从中华民族整体出发来研究民族的形成和发展的历史及其规律，提出了"多元一体"这一重要概念。

在对中华民族进行整体思考的基础上，他一直关心西部民族地区的发展，强调多民族社会的共同繁荣。从 1984 年开始，费先生的研究工作重点从沿海转到边区又到内地。从东南移到西北，从农村小城镇转到民族地区。他始终强调"西部和东部的差距包含着民族的差距。西部的发展战略要考虑民族因素"[①]。先生在晚年向中央提出，要对人口较少的民

---

① 费孝通：《边区民族社会经济发展思考》，见《费孝通全集》第十二卷，327 页，北京，群言出版社，1999。

族进行摸底调查。我记得在 1999 年，先生在与北京大学社会学人类学研究所的几位老师谈话时，特别讲到要关注一国之内人口较少的民族，提出"小民族、大课题""小民族、大政策"的思路，并建议国家民委组织有关单位进行调查和研究。国家民委很快接受了先生的建议，组成了"中国 10万人口以下少数民族调研团"，我当时作为这一项目的秘书长，具体操办了有关事务，并作为东北内蒙古调查组组长承担了这一区域的人口较少民族的调查。本书《民族生存与发展》一文就是先生对人口较少民族的思考和看法。重读这篇文章时，我在先生家和他谈论从鄂伦春调查回来的感受以及先生的插话、提问，仍历历在目……

先生晚年的第三篇大文章是关于全球化与地方化，关注何谓美好社会这一有关世纪大转变的问题。他对"美"的重释，深深建基于过去对"真"与"善"的探索。先生对富强社会的殷切追求，是他晚年面对社会大转型所描摹的美好社会蓝图的基本底色。本书第三部分收录的文章，均是在世纪交替前后，以全球化为背景展开的新时代美好社会的畅想。其中蕴含的理论格局较之早期的社区研究，乃至中华民族的文明体系研究，又有所升华。

《创建一个和而不同的全球社会》一文就是先生在2000 年 7 月国际人类学与民族学联合会中期会议的主题发言。那次会议，先生出席，因身体原因让我代他读主题报告。先生提前把我叫到家里，他来口述，我来整理。先生充满哲理的声音，至今仍在我脑中萦绕。20世纪尾声的几次世界级大事件以及"9·11"恐怖袭击，让包括先生在内的人类学界产生了对新形势的普遍困惑，文明与文明之间如何相处？国与国、民族与民族、宗教与宗教之间如何互动？社会大转变形势中是"保人"还是"保文化"？先生用"价值反思"和"文化自觉"的概念，不断促使知识分子采用从实求知的态度、从实求美的精神去判断文化发展的趋向，合力共建一个美好社会。其学术反思主要突出以人民为中心的发展观和关注中国文化传统在当今世界的价值。

从这些文章中，我们可以看到先生晚年对文化的反思，已经从对中华民族共同体的思考，升华到天下大同的全球社会，也关注今天强调的人类命运共同体。先生认为，他所呼求的"美好社会"是人类社会的共相，是世界性总体社会中人与人相处的规范，是主观意识和客观律令的内外统一。因此，文化自觉是对自身之美和他者之美的双重自觉，目标是创建一个和而不同的全球社会。

在先生70多年的学术生涯中，学术研究涉及社会生活的诸多领域。然其研究一直没有脱离社会人类学的研究方法。在先生的笔下，微视研究和巨视研究一直是一个有机的整体，不管是和先生一起随行调查还是品读先生的论文和著作，我常常感到先生的社会人类学思想在两者间应用得游刃有余，并不时产生新的理论和方法。特别是对中国社会中普遍性与特殊性的思考，如何上升到全球视野，这是先生晚年的大智慧，在某种意义上先生晚年的思考，已经从一位"从实求知"的以田野经验为基础的人类学家、民族学家、社会学家，上升为超越所处时代、关注未来、具有普遍人类关怀的哲学家。而先生的研究和实践已经证明，他非常出色地形成了自己的方法论特色。他对本土研究的理论和方法，已经成为非西方学者研究本土社会的典范。

（2018年11月13日于魏公村）

社会转型与城乡关系

◎ 回访家族主义乡村及其变迁 [*]

我最早接触葛学溥（Daniel Harrison Kulp）的《华南的乡村生活——广东凤凰村的家族主义社会学研究》一书，还是在中山大学攻读文化人类学硕士研究生的时候，之后我利用他书中提出的有关家族的四种类型的学说以及之后的汉族家族研究的状况，特别是弗里德曼（Maurice Freedman）有关东南中国社会的研究，并结合有关调查，讨论了有关汉族社会人类学的家族研究的理论和实践，之后在北京大学和东京大学读书期间，我对汉族社会的家族研究一直抱有浓厚的兴趣，并出版了《家与中国社会结构》（北京，文物出版社，

---

[*] 本文为周大鸣《凤凰村的变迁：〈华南的乡村生活〉追踪研究》（北京，社会科学文献出版社，2006）书评。

1999）一书。直到今天我对家族主义与中国社会的关系还在继续思考和研究，而中国社会文化的继承性问题，更是我的兴趣所在。然而，对于汉族社会的继承性的问题，如何从人类学的学术视角进行把握呢？在我看来，对于早期有关中国社会研究的田野调查报告和著作中所描绘的当时的社区面貌的再调查或所谓追踪调查，无疑是非常重要的一环。学兄周大鸣教授新近出版的《凤凰村的变迁：〈华南的乡村生活〉追踪研究》，就是在葛学溥当年研究的基础上所进行的追踪调查，并把其调查与中国社会变迁的大环境结合起来进行考察。

然而，这一国际学术界非常著名的村落——凤凰村，其确切位置究竟在哪里？葛学溥本人是否真的到过此村？这是汉族社会人类学的疑团之一。恩师末成道男先生主编的《中国文化人类学文献题解》中，对于上述问题也没有具体的答案，并对葛学溥是否做过田野调查提出了质疑。进行凤凰村的追踪调查，与对其他村落的追踪调查有着很大的不同，就是它的不确切性。要在复杂的潮州地区找出这一调查点，的确是件困难的事情。周大鸣的著作就是以此为突破口，以解开学术疑案为起点，逐渐把我们带入葛学溥所研究的村落社会之中。作者给我们展示了一幅鲜活的村落社会的变迁场景。凤凰还是原来的凤凰，但其相貌早已发生了葛学溥所想象不到的变化。

地点找到了，但是从何种角度来进行再调查呢？追踪调查，特别是对学界大师所进行过的田野进行再调查和再研究，有很多的难点。其一，彼时的研究到今天，时空发生了很大的变化，当时的问题意识与研究事项和今天相比，很可能大相径庭；其二，彼时的研究（主要是 1949 年以前的调查和研究）关注村落整体，而较为忽视个体以及在解释层面的思考；其三，1949 年前后，意识形态发生了巨大的变化，经过革命的洗礼，社会阶层和人们的精神世界都与以前完全不一，如何来叙述这种变化，在学术思考上很难把握；其四，社会主义革命成功后，全国各地原有的传统其实被赋予了新的内涵，特别是社会主义的新传统，如何又成为村落变迁的内发机制？这一新传统和 1949 年前的传统有何不同？其五，1949 年后的中国社会，由于受政治的影响，社会发生了很大的动荡，如何来表述这种动荡？当然，类似的问题还很多，但有一点共识是，改革开放之后的农村，确实是发生质的变化的一个场域。而对于改革开放前沿的广东农村而言，村落变迁的研究更加富有时代气息。面对如此多的问题，作为一个研究者，如何来表述自己的思想呢？本书作者非常鲜明地抓住了葛学溥讨论的"家族主义"这个核心概念，以此为起点，以婚姻、家庭、宗族等社会人类学中的亲属制度的研究为主线，突出社会结构在村落社会中的内在本质性特点，以其他的经济、政治、文化事项为辅线，勾画出具有浓厚的潮州文化传统的村落社会变迁轨迹，从中让我们全方位地窥视出华南农民社会的变化。

中国社会人类学中的亲属关系，主要通过家的文化观念及其社会性的结构和功能体现出来。"家"直到今天仍然是认识中国社会的关键词。费孝通先生指出："中国文化的活力我想在世代之间。一个人不觉得自己多么重要，要紧的是光宗耀祖，是传宗接代，养育出色的孩子。……看来继承性是中国文化的一个特点，世界上还没有像中国文化继承性这么强的。继承性背后有个东西，使它能够继承下来，这个东西也许就是 kinship，亲亲而仁民。"① 从中看出，费先生同样强调文化的继承性问题；而能延续此种继承性的要素——kinship（亲属制度）是非常关键的。翻开海外有关汉族社会人类学的研究著作，很多学者都在强调社会的延续性。例如，纽约大学的社会学教授朱迪恩·史黛丝（Judith Stacey）的研究认为，大部分留存于中国社会主义革命的传统家族价值观念和习俗，并非与时代潮流不合，而是通过一系列重新而且充分的结构上的支持保留了下来。② 在广东做过田野调查后，波特夫妇（Sulamith Heins Potter & Jack M.

<hr>

① 费孝通：《中国文化与新世纪的社会学人类学——费孝通、李亦园对话录》，见《费孝通文集》第十四卷，387~388页，北京，群言出版社，1999。
② Judith Stacey, *Patriarchy and Socialist Revolution in China*, Berkeley, University of California Press, 1983.

Potter）得出的结论也是强调社会的延续，"中华人民共和国成立后的36年里，从1949年到1985年，虽然在曾埠有很多表面上的流动和变化，但是给我印象最深的还是显著的延续性"[1]。当然，孔迈隆（Myron L. Cohen）、萧凤霞（Helen F. Siu）等的研究，也有类似的思考。

如果对书中的章节做进一步分析的话，我们会非常清晰地看出，作者对社会结构研究的重视，在某种意义上强调了英国社会人类学研究的传统。本书除导论外，共分为十四章。社会结构有关的章节为第三章第二节，关注凤凰村的家庭经济，从家庭的职业与经营进行了分析；第四章为凤凰村的人口，在对凤凰村近百年来人口发展分析的基础上，对于该村人口的结构特征和变动，特别是华侨与人口流动、婚姻与人口变动的关系，做了非常翔实的统计和分析；第五章为凤凰村的婚姻，对于1949年前后该村的婚姻变化，在定性分析的基础上，结合定量研究，给我们勾画出了本村的婚姻图像；第六章是关于凤凰村的家庭，并对家庭的类型和影响家庭运行机制的动态的"分家"进行了讨论；第七章是对凤凰村的宗族制度的分析，特别是对祖先崇拜和宗族之间的有机联系包括改革以来宗族的复兴和创造，结合葛学溥的调查，做了

---

[1] Sulamith Heins Potter and Jack M. Potter, *China's Peasants: The Anthropology of A Revolution*, Cambridge（England）, Cambridge University Press, 1990, pp.24-25.

梳理；第八章是关于凤凰村的"轮伙头"与老人赡养之间的关系，对"轮伙头"制度在现阶段中国社会中的合理性做了分析。这五章加一节都是以婚姻、家庭、宗族等为主线展开的。第九章凤凰村的信仰与习俗、第十二章凤凰村与周围村落的关系和凤凰村的政治制度，在一定程度上反映了当地的社会结构与仪式、信仰以及村落组织之间的有机联系。第三章凤凰村的经济生活、第十章凤凰村的文化教育和第十三章凤凰村未来变迁的方向，主要从经济和文化教育的视角，向我们展示出凤凰村的过去的经济生活和未来的变迁方向。最后，作者对凤凰村变迁的原因，从变迁的外部因素、村落社区的内在因素以及传统的复兴与现代化的角度，做了有关这一村落过去和现在的变迁轨迹的学术探索。

作者在对葛学溥的学术评价中，也提出了很多非常有意义的问题，如葛学溥的家族主义的概念、家族的分类、邻里与"社区"的概念等，这些概念并非完全出自西方学术系谱中，而是研究中国社会中的一些基本概念。从中看到，即使在最早的汉族社会的研究中，葛学溥已经注意到人类学或社会学研究的本土化问题，即在中国研究中如何把民俗概念上升为分析概念，这同时也是我们中国人类学面临的问题，其实葛学溥早已经做出了榜样。而周大鸣的研究，正是在这一榜样的感召下，让我们认识了80余年来华南农村和农民的变化轨迹。

◎ "大转折"背后的乡村"秘径"

听吴重庆讲他家乡的故事，常有文字中难以感受到的那种复杂的情怀。由于有他多年来的讲述前提，当我看到他的大作《孙村的路：后革命时代的人鬼神》时，似乎能把话语记忆中的人与事，非常有感觉、有体验地和书中的故事有机地对接起来，能通过他的身心感受，体味、认识他所写的家乡的故事。这个地点不是沿海的都市——广州，而是沿海的乡村，一个叫孙村的地方。这个村里所透露出来的气息和所发生的故事，与我刚来广州时感受到的味道居然有跨越时空的同样感知，即"土味""海味""洋味"俱全，用流行的话来说就是"三味一体"。这"三味"背后，着实体现了山海之间的一个中国东南沿海乡村的变化轨迹，也可以称之为"大转折"背后的乡村"秘径"。

（一）"根深叶茂"与社会延续

中国东南沿海社会的研究，传统上以家族和宗族为切入点来看区域社会的变迁轨迹。而福建的人类学、社会学、历史学的研究，宗族的研究更是经典之经典。不管是林耀华先生的《义序的宗族研究》，还是弗里德曼的《中国东南的宗族组织》，以及历史学家傅衣凌及其弟子们的研究，都给福建的民间社会研究打上了宗族的烙印。似乎提到福建的社会研究，言必谈宗族。该书中作者没有把宗族作为社会结构研究的第一前提，但对婚姻、家庭和亲属网络的研究，是其开宗明义的切入点。通婚圈正是亲属关系与社会空间研究的具体反映。作者把孙村的通婚地域大体划分为"核心""中围"和"外围"，在对另外两个空间概念"祭祀圈"和"市场圈"讨论的基础上，提出了"水利圈"的概念，并认为"水利圈"是直接影响通婚地域的重要因素，而前两个圈则不那么明显。在对婚姻方式的研究中，我们看到当地在 20 世纪 70—90 年代还存在很多特殊的形式，如换婚和买卖婚、"黑婚"[①]，计划生育和通婚地域，媒人与婚姻，以及经济活动与通婚圈的关系等，该书对此都有非常到位的描述和分析。在通婚圈

---

① "黑婚"指未到法定婚龄不经结婚登记就暗中形成事实婚姻，与之相对应的称为"红婚"。

的基础上提出本村的姻亲圈,讨论婚姻及姻亲关系中的"例"行与"例"变。作者解释道,孙村的所谓"例",乃是民间事关敬神拜祖、婚丧嫁娶、人情往来的成规。孙村的婚礼之"例"中,保留了非常传统的"例"。即使在毛泽东时代,也行古"例"以守护家庭及婚姻传统的核心价值。比如,其婚礼过程从"亲迎""彩礼""成人"与"新妇"等一系列"走仪"(姻亲关系的维系,需要一系列有来有往的仪式表达,孙村人称之为"走仪")。其"走仪"的核心目的并非城里人说的"合两人之好",而是"合两姓之好"。作者引用当地"长老"一句话,道出了传统农村社会婚姻缔结的真相。"'长老'说,人家将女儿嫁过来,等于是给你家里'做一个祖',能不感激人家吗?"[①]"长老"说的"做一个祖",其内涵非常丰富,其核心是延续香火。其实,在中国的传统社会结构中,婚姻的结合并非一平等的结合,婚姻本身的终极目的是男性通过这一结合繁衍自己的生命体,具有一种"借女生子"的男性霸权的意旨。"不孝有三,无后为大"就是把人生的意义和血缘的延续紧密地联系起来,认为生命的意义就在于把祖宗的"香火"延续下去。作者接下来对姻亲关系互动过程中的"送礼"与"还礼"、"与报""互

---

① 吴重庆:《孙村的路:后革命时代的人鬼神》,29页,北京,法律出版社,2014。

① 吴重庆:《孙村的路:后革命时代的人鬼神》,29页,北京,法律出版社,2014。

惠与交换"等进行了讨论，认为"走仪"之"例"，之所以在毛泽东时代照样风行，乃因中国家庭及婚姻的核心价值并未受到冲击。作者在此强调的是传统的延续，而不赞成有的学者提出的"社会主义实践已经摧毁并以政治功能取代了传统仪式的主要社会基础"[①]。然而，传统的延续并非一如既往。20世纪70年代开始推行的计划生育政策，导致孙村家庭结构发生了很大的变化，大家庭的分离与核心家庭的离土离乡，导致传统的"例"大打折扣，发生变异，特别是"黑婚"者，都转入了地下。对于当下孙村的婚姻与姻亲的讨论，作者超越结构与功能的分析，从变迁的视角进行了归纳，认为孙村姻亲关系进一步朝实用化、工具化的方向建构，可谓"其根深深"。作者在此埋下伏笔，提出"孙村的年轻一辈却更期待'其根深深'，尽可能培育、利用、挖掘、建构姻亲的根系网络，期望小家庭'根深叶茂'——发家致富"[②]。

（二）人应还是灵应：民间宗教与社会结构

孙村的空间概念反映了村落社会的人与自然、人与人，以及人与祖先及神灵的有机联系。对于人与祖先和神灵，

---

① 吴重庆：《孙村的路：后革命时代的人鬼神》，33页，北京，法律出版社，2014。
② 同上书，42页。

作者在书中用"阴阳界"为题展开论述，并以"共时态社区"概念来表述，鬼神分别作为"过去时"和"超现时"的社区成员，与现时的人一道参与乡村事务。即"阳界"与"阴界"合二为一，是一个共同体。在此基础上作者提出大陆的民间信仰是否形成"新传统"。这些讨论的出发点，主要是把民间信仰置于社会与文化之中来展开研究。民间信仰在一定意义上是作为社会的组成部分，特别是在孙村这样的村落社会，民间信仰在其中扮演了重要的角色。

早在 20 世纪三四十年代，中国一批卓越的人类学家，就非常关注文化与社会结构的综合研究，对民间信仰如祖先祭祀等给予了高度的关注，并将其置于社会结构中予以把握，如杨堃的博士论文《祖先祭祀》，林耀华的《义序的宗族研究》与《金翼》，费孝通的《生育制度》，许烺光的《祖荫下》等。之后的海外学者的研究，在此基础上进一步拓展，如主要涉及的是民间信仰是否是一种宗教，民间信仰与"大传统"的关系，民间信仰与社会和文化的糅合，以及信仰宗教与现代化等问题。作者在书中，对于欧美人类学者武雅士（Wolf Athur P.）、王斯福（Feuchtwang Stephan）等提出的民间信仰的"神、祖先和鬼"的内容及其象征意义，结合自己的田野调查做了很好的拓展。其论述始终没有脱离民间信仰与社会的有机联系。

作者以差序与圈层的概念为基础，集中讨论人际关系与神际关系之关联。汉人社会民间信仰的神格体系与社会结构有着密切的关系。比如，我们的文化中，对玉皇大帝及天庭的想象和建构，与现实社会的等级体系在一起相比照。神圣世界的结构和秩序与世俗社会存在着某种一致性。本书中通过对鬼、祖先、神明系统、童乩的神灵附体、神人沟通的灵媒、神明出游线路的规划、卜杯等阴阳互动的分析，得出在孙村"神际关系是由人际关系决定的，神明并不可能超越世俗的关系"[①]的结论。以此为基础，人与神、阴阳两界、人鬼之间的交往方式有何特点呢？作者认为，孙村的人与神的交往方式，体现出差序格局的特点。即"以阳间的子孙为中心点，鬼作祟于人的严重程度与其同中心点之间的距离成正比"[②]。

阴阳两界的信息沟通是需要凭借神明的法力的。特别是在孙村人不断闯市场的背景下，男性大多外出，村里的中老年女性比例升高，导致连接阴阳两界的神明基本上都为女性。作者认为女乩童与女信徒之间更可能发展出一种长远的友谊甚至是拟亲关系，并提出神明的女性化自是社会结构、社会心理投射到宗教信仰的反映。作者用"灵力资本"来解释"有灵"，即所谓"有求必应"，并把"灵力"

---

① 吴重庆：《孙村的路：后革命时代的人鬼神》，58 页，北京，法律出版社，2014。
② 同上书，62 页。

作为社会性的概念来把握。比如，作者通过研究发现，"童乩灵力辐射范围变迁的规律，即随着时间的推移，童乩的灵力辐射半径由近及远。在空间上，童乩灵力的覆盖面并非呈圆形或扇形区域，而是呈圈层结构；在时间上，童乩灵力只有在内圈层的辐射力衰退之后才进而辐射到外圈层"（81 页）。正如王斯福所言："'灵'是一个由社会制造出来的概念，就像声望这个概念一样，它是外在于个人动机活动之外的。"①

从其研究中可以感受到，民间信仰的研究涉及个人、群体与社会之间的有机联系。我们看到随着孙村的变迁，社会结构中个体化行为与需求多样化的出现，在一定程度上成为当地民间信仰得以迅速发展的主要原因。涂尔干（Émile Durkheim）很早就提到，就人们相信自己存在并调整自己的行为适应信仰的程度而言，信仰具有社会真实性。因此，孙村人的民间信仰的目的多半在于解释日常生活，而且确实是通过与非同寻常之事的比较才使之成为寻常。民间信仰使社会关系象征化并寄托着当地人对未来的希望。所以，从涂尔干到布朗（Alfred Radcliffe-Brown）、福特斯（Meyer Fortes），再到约翰斯通（Ronald L. Johnstone）的《社会中

---

① ［英］王斯福：《帝国的隐喻：中国民间宗教》，赵旭东译，158 页，南京，江苏人民出版社，2008。

的宗教》，所呈现出的一个理念就是"宗教在社会之中"。约翰斯通认为："宗教是对个人需要和群体需要的一种回答。在一个特定社会中，宗教信仰和解释的典型形式，是由这个社会的模式及相互关系的类型和复杂性从根本上决定的。"[①] 而中国汉族的民间信仰特别是孙村的个案集中反映了民间信仰的社会特性，即民间信仰的运行逻辑，也反映了东南地区汉族社会的结构特点——差序性与圈层性的有机统一。

最后，作者超越民间信仰的社会性的讨论，通过"牵马人"这一底层社会的研究，引入生态学上"小生境"的概念，梳理了"牵马人"世界观的复合特点，建立了马、人以及神明之间的"均衡理性"，这一理性包含个体、社会、自然，以及超个体、超自然力量的中国传统儒家所谓"天地人"系统。这对如何发掘、提升民间信仰的研究，提出了很好的参照体系。

（三）民间权威与"借神行道"

人类学对基层社会政治的研究，常常从文化的角度看待政治过程，并将其置于社会整体中来分析，着重讨论与社会

---

① ［英］罗纳德·L. 约翰斯通:《社会中的宗教——一种宗教社会学》，尹今黎、张蕾译，56 页，成都，四川人民出版社，1991。

结构、经济制度、家族组织等的关系。常涉及的一些概念有公共领域、社会整合、公共性、权力与权威等。与行为理论学派所强调的集中研究追求权力斗争的"政治人"的行为不同，人类学的研究更加侧重于人们的象征形式和行为，研究对象可以称为"仪式人"。作者对民间权威的研究，把筑路、"借神行道"以及修路过程引出的各种权力及利益要素的交错协调的过程，视为杜赞奇（Prasenjit Duara）所说的"权力的文化网络"。

这一"权力的文化网络"的概念，其核心正是强调象征形式和行为，认为文化象征符号就是类似于习惯法的各种关系与组织中的规范。① 作者使用"权力的文化网络"概念来说明国家政权与乡村社会之间的互动关系。他的"权力的文化网络"包括市场、宗族、宗教，以及水利控制类等级组织，庇护者与被庇护者、亲戚朋友之间的非正式相互关系网。而乡绅则通过祭祀活动表现其领导地位，乡村的祭礼将地方精英及国家政权联络到一个政治体系之中。而孙村的民间权威在筑路过程中所表现出的如何借助乡土文化资源，树立自己的权威性本身，就具有传统乡村社会的"乡绅"传统。然而，与很多传统乡村不同的是，孙村

---

① 参见［美］杜赞奇：《文化、权力与国家：1900—1942 年的华北农村》，王福明译，南京，江苏人民出版社，2008。

在 1949 年前的社会，土匪武装猖獗，村落社会的基层组织被其控制，如保甲制中的保长和甲长的产生，与民间权威的提名和支持与否毫无关系。用作者的话就是"民间权威授权来源的缺乏及其力量的弱化"[①]，而乡村社会逐渐的开放性，以及与外界的互动关系，似乎成为民间权威新的授权来源。

1949 年后，国家与地方社会成为一体的关系，以家庭为单位的经营单位，为以集体为标签的人民公社（大队、生产队）所取代。从土改到人民公社，乡村社会的组织运行完全依靠由上而下的政治整合力量，与个人的能力、民间权威没有任何关系。这种特点在大部分中国农村一直延续到 20 世纪 80 年代初期的家庭联产承包责任制的普遍实行。学术界对民间权威的研究，大多以此为开始。然而，在孙村，让我们大开眼界的是，这里在"文化大革命"期间，很多生产队长面对温饱都难以解决的现实，冒着"政治风险"，暗中组织村民"分田到户"。其间，他们为了顺应民意，利用神异资源，与神权联手，进一步树立自己的政治地位。居然在那个特殊的时代，1977 年神庙在孙村落成，一些民间权威具备了"神授"的公共身份。家庭联产承包

---

① 吴重庆：《孙村的路：后革命时代的人鬼神》，114 页，北京，法律出版社，2014。

责任制实行后，一些民间权威有过威望顶峰的时期，但之后，当个人出现道德污点时，其权威受到挑战。在此基础上，作者提出了村民对于民间权威考察的道德诉求与功利取向。而在 1985 年之后，民间权威如"乡老"等，利用乡土资源中的宗教性特点，"借神行道"，建立起了威望。作者把这一现象总结为："正好可以为 20 世纪八九十年代里具有国家经纪人体制特征的基层政权所利用，而'乡老'也因此进一步拓展了社会活动空间。"[①]

（四）"出社会"与"内发型发展"

传统的孙村社会，不像我们一般理解的中国传统社会那种"男耕女织"、封闭式、自循环的乡村，其开放程度用作者的话说"超乎常人之想象"[②]。本村的"男商女耕"和"男匠女耕"有着悠久的流动型兼业传统。所以，孙村人把靠手艺外出谋生的"匠人"称为"出社会"。正因为有如此厚实的传统资源，进入 20 世纪 70 年代后，孙村逐渐出现了"打金"的手工业，进入 80 年代后，逐渐发展为在全国范围内发财致富的支柱产业，并形成了"同乡同业"的亲缘地缘业

---

① 吴重庆：《孙村的路：后革命时代的人鬼神》，113 页，北京，法律出版社，2014。
② 同上书，142~143 页。

缘网络。作者在讨论这一现象时也用费孝通先生提出的"离土不离乡"和"离土又离乡"来解释这一现象，并对"离乡"之乡提出了新的解释，即"'乡'不仅是地理空间意义上的，同时也是社会空间意义上的，孙村'离土'在外的'打金'人其实从来就没有脱离过社会空间意义上的'乡'"①。

费先生的研究框架中，特别强调社会和文化的延续性问题。而在《孙村的路》中，作者从头到尾一直强调这一研究传统，但同时又有延伸。既要回到"乡土范畴"，同时还要"破土而出"。破土就是"出社会"，而"出社会"需要社会资本，其基础就是乡土的社会资源。"打金"的孙村人创造出的经济形态，正是"社会网络与经济网络的相互嵌入"②。这一有别于市场经济的经济形态运行模式是典型的非正规经济的表现，也是"内发型发展论"的具体表现形式之一。

20 世纪 70 年代末，日本著名发展社会学家鹤见和子在反思西方现代性时，提出了内发型发展论。她在很多著作和论文中明确指出，其内发型发展论的原型来源有两个：一个是中国的社会学家、人类学家费孝通；另一个是日本的思想家、民俗学家柳田国男。而且费孝通先生开创的小城镇和城乡协调发展研究也是她构筑内发型发展论的实践

---

① 吴重庆：《孙村的路：后革命时代的人鬼神》，153 页，北京，法律出版社，2014。
② 同上书。

事例。1989 年，鹤见和子在执教 20 年的上智大学进行了最后一次讲演，题为《内发型发展的三个事例》。对于内发型发展的特点，她表述为：内发型发展是"适应于不同地域的生态体系，植根于文化遗产，按照历史的条件，参照外来的知识、技术、制度等，进行自律性的创造"①。同时她进一步分层论述，认为内发型发展，文化遗产以及广泛意义上传统的不断再造过程是非常重要的。所谓传统主要指在某些地域或集团中，经过代代相传的被继承的结构或类型。她强调的是"特定集团的传统中，体现出来的集团智慧的累积"。而孙村的"同乡同业"发展模式，正是植根于当地的传统而体现出来的集团智慧。作者进而提出"同乡同业"经济活动的生命力，体现了乡村空心化的反向运动。

总之，本书把人类学的"社会研究传统"和"文化研究传统"有机地结合起来。其背后有文化传承的维度，特别是儒家思想和文化如何投射到孙村社会的过去和现在。这就是作者强调孙村社会的延续性的同时，也把这种延续性与中国文化的传承性联系在一起进行思考。

此外，空间的维度也是本书理解孙村社会与文化不可

---

① ［日］鹤见和子：《内发的发展论的展开》，9 页，东京，筑摩书房，1996。

或缺的视角。作者把孙村看成一个社会的空间，其变迁在某种意义上也是社会空间的生产过程。正如齐美尔（Georg Simmel）在其论文《空间的社会学》中所言，空间正是在社会交往过程中被赋予了意义。事实上，如果空间离开了社会的维度，也就没有了具体的研究对象。比如，作者对婚姻、亲属网络以及"离土又离乡"的"出社会"的立论，首先是从空间及其社会生产的角度予以展开。孙村人的通婚圈正是亲属关系与社会空间研究的具体反映。而"同乡同业"与孙村人的"出社会"，所借助的乡土资源与通婚圈、姻亲圈等密切相关。同时，固有的乡土空间通过"出社会"的"打金"群体，与跨区域的空间形成了"你中有我，我中有你"的新的空间对接结构，让我感到从孙村出来的这一群体似乎就在我们每个人的身边，一个跨区域的孙村社会已经形成。

（本文原刊于《读书》，2015 年第 11 期）

◎ 人伦乡土之变及其文化自觉之道 [*]

　　我第一次认识谭同学还是 2004 年夏。当时，在华中师范大学举办的农村研究方法研讨班期间，他不时和我讨论一些有关人类学和中国农村研究的问题。该同学对于学术的执着和敏感给我留下了很深刻的印象。之后，我从北京大学调到中山大学工作，其间我们又有过多次邮件往来，我也一直鼓励他用社会人类学的方法从事乡村社会结构研究。

　　2007 年 5 月，我接到了谭同学的博士论文，这时他已在华中科技大学跟随吴毅和贺雪峰教授研究乡村社会数年，并即将参加博士论文答辩。当时，我正好到兰州大学参加博士论文

---

*　本文为谭同学《桥村有道：转型乡村的道德权力与社会结构》（北京，生活·读书·新知三联书店，2010）书序。

答辩并到青海民族学院讲学，其间考察了相关的民族地区，空闲之余反复阅读了谭同学的博士论文。在生活于青藏高原的西北少数民族环境中，阅读谭同学关于与该地相隔万里的湖南汉族乡村社会研究，更增加了我的多种跨文化思考。这让我感受到，在青藏高原来看遥远的南方汉族村落，会看得更加完整，更加细致，更加有很多联想。可以说我非常兴奋，心中充满了对该文的欣赏之情，写完了我对该论文的评审意见。

记得我当时在评审意见中大致这样写过：怀着浓厚的兴趣，非常投入地读完这本以"人"的活动为核心，而非一堆物化材料堆积的社区报告后，我很想强调的是，本文不是一篇平面的社会调查叙事，而是一部充满立体感的、具有"社会学调查"意义的、有议有叙、有理有据，并有诸多创新的优秀博士论文。

2007年6月，我应邀作为答辩主席参加了谭同学的博士论文答辩会，对他的学术研究有了更深入的了解。紧接着，机缘巧合他又来到了中山大学人类学系做我的博士后。在博士后期间，谭同学继续虚心学习，除了参与我主持的与乡村社会研究相关的课题外，还较系统地听取了人类学系多位老师的博士生、硕士生课程。我发现该同学是一位完全有独立思考、具有很强的学术问题意识和人文关怀的年轻学者。现在摆在我们面前的《桥村有道》，是他在博士论文的基础上再经过三年补充、修改而成的民族志著作，这本身也反映了他的为人为学之"道"。

关于中国乡村社会结构研究,目前大概有这么几种路径。第一种路径是把乡村社会结构的变动置于近代以来以"革命"为主的话语体系和以"改革"为背景、一直到现在正在进行的现代话语体系下,来讨论乡村社会与中国整体社会变迁的有机联系。第二种路径是从乡村社会内部结构性和功能性的特点以及关系的变化入手,试图给中国乡村社会定性的表述。比较典型的如用费孝通先生的"差序格局"概念进行拓展分析,以解释当代出现的一些新社会现象。第三种路径是试图从乡村社会内在的运行机制,思考乡村社会的运行轨迹,如在变与不变、社会延续与社会断裂、内发型发展与外在型推动等动态机制中,讨论乡村社会的文化与变迁。

这几种类型的研究,都包含着对乡村文化传统和乡村社会结构之间关系的思考。这不仅仅是一个大传统和小传统的关系问题,在很多方面是大传统与小社会的关系,以及小传统与小社会之间的有机联系。在这些思考的背后,都隐含了作为"礼"的传统文化机制和以族权为基础的权力机制,以及以伦常为载体的道德机制。相关的论述常常把这几种机制分散在不同的层面进行思考和讨论,有结合,但并不一定紧密。而现在呈现在我们面前的《桥村有道》,试图把这几种机制通过深描的方式,有机地结合在一起,来展示乡村社会的变迁之"道"。

"道"的思想在中国有着悠久的历史。记得今年(2010年)3月陈来先生来中山大学博雅学院讲"道"时,就曾专门讲过"道"与古代中国的权力关系。他认为，"道"的理念在儒家思想中，蕴含了"天民合一""天德合一""天礼合一"的要求，影响了中国千百来的政治与社会实践。这是哲学概念上的"道"。我认为，从"道"的概念里面，可以折射出人类学如何与中国哲学对话的问题。但如何将它转换为人类学田野调查可以操作化的"道"？当然，本书并不是以此为中心展开讨论，但其论述结果反映出了这种潜在的对话意识。

这让我想到，在北京大学百年校庆时，李亦园与费孝通先生的对话。李先生问费先生的问题是中国人类学研究的重要领域在哪里。费先生强调了两点：第一个是如何考虑中国文化的延续性，第二个是要注意中国社会关系结合的基础，如亲属关系对中国社会关系的结合、组织带来的影响。这两点是破题引路。那么，到我们这一代如何将这些问题变得可操作化？这就是我要谈"传统惯性与社会结合"的原因。这两个概念是有缘起的，而且我认为这两个范畴构成了中国汉人社会人类学研究的重要基础之一。在中国做研究，学科的综合性非常重要，历史学和中国思想史的讨论与人类学之间有很多的对话点。在某种意义上，人类学是思想的人类学。谭同学的研究，非常有意思的是，与这些理念不谋而合，通过"伦常"话语来理解转型时期的乡村社会，这种思考本身就是在中国文化深厚底蕴的基础上，来展开对道德、权力和乡村社会结构关系的思考。

虽然从题目本身看，"桥村有道"似乎给人们一种传统的中国话语，或者说乡土话语的表述，但事实上，作者的研究又把它纳入中国乡村研究的全球话语中讨论问题。它对海外中国研究，也包括中国人自身的研究，特别是中国乡村研究有较到位的评述，在认真阅读、研习的基础上，找到了自身独立的切入点。这种切入点，就是前面说到的多种机制的有机联系，如何展现在一部著作体系中。例如，作者对与乡村社会结构相关的国内外文献做了精细的梳理和评述，在每一章具体的论述中，也有清晰的对话意识，并有据、有理、有力地提出了自己的观点。

在我看来，本书对于中国乡村社会的研究，有几点具有很大的启发性。

第一，本书试图从社会结合的角度，来讨论乡村社会的构成基础。例如，在对照"差序格局"和"伦理本位"概念的基础上，本书尝试性地提出并论述了"工具性圈层格局"和"核心家庭本位"在乡村社会中的具体体现。它不仅呈现了财富标准逐渐主导社会分层的过程，更呈现了纵向社会结构中的层级间张力给横向社会结构带来的冲击：乡村社会结合仍以自我（核心家庭而非个人）为中心，但处理自我及其周围各圈子之间关系的原则不再是伦常道德，而是带有较强工具性的新准则。

第二，关于"革命"话语及其在中国乡村的实践，本书没有拘泥于既有的、或肯定或否定的判断，而是细致地剖析了"革命"话语渗入乡村社会以及二者互动的复杂过程，并在此基础上提出了乡村社会纵向结构为"革命"话语所改变，而横向结构却呈现出了延续性的观点。在这里，一方面现代国家与"革命"话语的动员机制得到了充分呈现；另一方面同样得以呈现的是，儒家传统在宏观上被消解后，在乡村基层的日常生活中以某种方式得以延续了下来。

第三，从方法论上来说，本书超越了以社会调查取向为核心的乡村研究，而突出了乡村研究的社会学意义。这让我想到，我在做博士论文时，恩师费孝通先生就非常强调社会调查和社会学调查的区别。当然，这些思考与拉德克利夫－布朗来到燕京大学讲座时的倡导有很大关系。此外，在具体的研究方法上，费先生一直特别强调研究层次、类型的比较在人类学中的应用。非常高兴谭同学的这本专著，没有囿于简单的社会调查范畴中，而是在长时间田野调查的基础上，给我们展示出了一部动态的社会人类学专题民族志，体现了社会学调查的内涵和意义。关于具体的方法，作者提出并运用了类型比较视野下的深度个案法，尝试将类型比较作为本土社会研究中一种特殊的"他者"眼光，以增强研究者对田野点的敏感性与理论自觉，从而在类型比较视野下更有效地凸显田野点（深度个案）的特点。从方法上说，费先生强调的这几个方面，在本书中都得到了有效应用。这应该说是一种学术的传承。

此外，本书以人类学田野调查为基础，结合相关学科的研究视野，反映了作者多学科的训练基础和研究能力。

从 20 世纪人文社会科学发展的历史来看，人类学对于整个人文社会科学学术上的贡献，是有目共睹的。但反过来，在今天，人类学如何吸收其他人文社会科学的养分来丰富自己，应是人类学同人需要共同努力去做的事情。其实，对于人类学的中国研究而言，面对这样一个历史悠久、复杂的文明社会，集哲学思想和历史积淀于一身，是人类学中国研究的重要基础。中国哲学中的一些核心概念，如何具体化进入人类学的话语体系，是我们值得思考的问题，而历史人类学这一研究视角的出现，也反映了人类学中国研究的本土特点。《桥村有道》正是这些特点的集中反映（当然，这与作者的政治学、社会学和哲学基础有关系）。书中的论述，都会有这种学科背景的反映。例如，本文对"伦常""革命"话语及其实践的讨论，就表现出了这些特点。

总而言之，《桥村有道》既注意到了人类学话语的整体性和世界视角，同时又密切地从中国历史文化和哲学积淀中寻找对话点，并做出了自己的分析，这个路数是值得赞赏的。或许这也是中国乡村研究的学术之道，即一种学术的文化自觉。

（2010 年 7 月 6 日于中山大学康乐园马丁堂）

◎ 离乡不离土的代耕农 *

　　拿到手里的这本《无相支配：代耕农及其底层世界》，是黄志辉在其博士论文的基础上修改而成的，原名是《卷入与多重支配：珠三角"离乡不离土"的"代耕农"》。论文经过了几年锤炼，终成一本学术著作，值得祝贺。

　　2007 年 5 月，黄志辉从中山大学社会学系转到人类学系，跟随我硕博连读。我原本计划让他去海南做黎族或苗族的研究，但他打算毕业之后到北方高校工作。考虑到经验研究的延续性，我同意他在珠三角选择一个与工业民族志有关的论题。在给他们这一届博士生上课的时候，我常强调要对"身

---

* 本文为黄志辉《无相支配：代耕农及其底层世界》（北京，社会科学文献出版社，2013）书序。

边的人类学"有所反思和自觉,他当时就较为敏感地意识到了珠三角地区是都市人类学研究的巨大经验宝库。当我跟他谈起"社会结合"的概念时,他不仅去细读了我的《家与中国社会结构》,意识到了传统社会结合的内在逻辑,而且看到了作为工业区域中心的珠三角具有前所未有的社会结合魔力,这里聚集了形形色色的底层劳动人群。这些人群远非"农民工"概念可以概括。在我看来,"农民工"的概念仍然是抽象的,而且其分类稍显模糊与混乱,人类学的研究方式可以使"农民工"的类别与结合逻辑逐步浮现出来。黄志辉博士研究的代耕农,也是珠三角劳动大军中的一种类型,但他们不是农民工(或者曾经、在未来才是农民工),而是"农民农"。黄志辉以前在山东大学与中山大学社会学系就读的时候就有用定量方法研究农民工的知识基础。这些知识或技术仍然会产生重大作用,但这一次他要用人类学的方法去研究代耕农。

黄志辉的代耕农研究,使我们在"离土不离乡""离乡又离土"的劳动力转移模式之外,增加了一种"离乡不离土"的类型。不论是哪一种劳动力转移模式,其中的核心范畴都是"土"。这让我立即想到费孝通先生的研究。1991年,我随费先生从武陵山区调查回来之后,先生叫我到他的家中,拿出他新版的《云南三村》并嘱我认真阅读。大家知道,《云南三村》的英文版是《被土地束缚的中国》(*Earthbound*

China），书中主要讨论的是土地和人的关系。而"人地关系"或者说围绕着"土"范畴的研究，向来是中国社会科学研究的重点。

中国社会长期以来都存在着人地矛盾，历史上经常通过走西口、闯关东、下南洋等移民方式来解决人地矛盾。当代中国同样面临着人地紧张的问题。如何将束缚在土地上的大量农村人口解放出来，成为 20 世纪以来中国学者关注的重大问题。在费先生的研究中，从《江村经济》到《云南三村》，再到小城镇研究，始终贯穿着人地关系这一脉络。费先生强调文化传统和社会结构对农村社会发展的重要性，提出了"离土不离乡"的"内发型发展"模式。在他看来，小城镇起到蓄水池的作用，推进乡村工业化，发展小城镇建设，是实现农村内发型发展的一条重要思路，同时也是将农民从土地束缚中解放出来的根本途径。但必须指出，这种"解放"，只是生存形式上的解放，在文化层次上，我们仍然无法从"土"范畴中脱离出来。

20 世纪 50 年代后，中国的户籍制度对"农业户口"与"非农业户口"进行了严格的区分，同时又根据户口和籍贯的差异，进一步划分为不同的区域人群。这种户籍制度构成一种制度性壁垒，严格地限制了中国社会的人口流动，农民被紧紧地束缚在他们的土地之上。直到 20 世纪 80 年代，中国进行改革开放，僵化的户籍制度才开始逐渐有所松动。随着市场经济的发展和工业化进程的加快，中国社会出现了一群规模庞大的"离乡又离土"的打工群体，他们脱离农村、脱离乡土，进入城市谋求生存。与此同时，还有一群"离乡不离土"的代耕农群体，土地和农业仍是他们的维生之本。越来越多的农民试着摆脱户籍的限制，进入他乡的地域空间中去谋求生存，这种貌似"外发型"的发展方式在很大程度上突破了费先生最初设想的内发型发展思路。

上述三种劳动力转移模式，都是由"人""地"组成的行动模式，"离"与"不离"似乎变成了一种行动选择。是什么力量导致诸如"离开乡土"的现象及相关话语不断产生？毫无疑问，工业化、市场化等现代化过程的推进是导致乡土分离类型产生的根源。但是在费先生看来，分离只是生存形式上的分离，在文化根底上是很难离开的。费先生明确指出，中国的传统文化是从"土地里长出来的文化"，新的文化也要"从土地里拔出"①。不论是中华人民共和国成立之前探讨中国乡土重建之路，还是改革开放后推动小城镇建设，费先生都赞同立足于"土"范畴的传统，借助外力而非依附外力进行发展。也就是说，"土"范畴本身蕴含了传统与现代

---

① 费孝通：《土地里长出来的文化》，见《费孝通文集》第四卷，176页，北京，群言出版社，1999。

两种文化。即使在身体上脱离了土地，在文化上我们仍然无法离开土地。

20 世纪 90 年代，曾经有学者表示要在文化层次上"离开'土'范畴"①。之所以要"离开"，是认为"土"范畴中含有"边缘"与"歧视"的意蕴。但在我看来，中国社会中的"土"范畴，不能被简化为边缘性的符号意义，"土"范畴同时也是一种有关中心文化的概念，是撑起一切皇权、贵族、文明等概念的根本，是中国社会传统的基架。它不仅"能指"客观自然之物，而且"所指"与土有关的一切社会关系。土地权属、人地关系及人人关系等，均在"土"范畴之中。即使一些学者认为"文""土"存在对立，那也是存在于"土"范畴之内的对立；就像列维－斯特劳斯（Claude Levi-Strauss）所论证的二元，实际上寓于"一心"之中。中国的"土"范畴，内部张力极大，任何单向度的眼光都会简化"土"范畴的活力。

中国的现代化过程是费孝通先生一直极为关注的内容，这个过程离不开对"土"范畴的探讨。在费先生看来，传统农业中国的特性之一是"匮乏经济"（economy of

---

① ［日］横田广子：《离开"土"范畴——关于白族守护神总称的研究》，见北京大学社会学人类学研究所编：《东北亚社会研究》，109~120 页，北京，北京大学出版社，1993。

scarcity），与工业社会的"丰裕经济"相对照①，两种经济模式在不同时代的土地之上各有其对应的社会关系。但是二者不是截然对立的。在费先生所说的"三级两跳"过程中，现代化本身与中国的"土"范畴可以融为一体。与其说中国要从土文明向现代文明转化，毋宁说中国的土文明本身就蕴含了转向现代化的动力与要素。也就是说，土文明本身蕴含了一个多元性的现代化方案。

但是，在最近 30 年的改革发展过程中，各种现代化的推进过程并没有很好地参照费先生的多元一体"土"方案。尤其是在珠三角地区，面对形形色色的外来劳动力，以新自由主义为核心的现代化方案将具体劳动者抽象成纯粹的虚拟劳动力，不断地造成了卡尔·波兰尼（Karl Polanyi）所说的"脱嵌"状态。在现代化过程之中，一旦单调而抽象的市场化规则占据了统治地位，便将催生出黄志辉博士所说的"无相支配"。在这里，我要扩充的一点是，当政府或社会自身没有有效的调控、应对手段时，无相支配的对象不仅是"离乡不离土"的代耕农，还有"离土不离乡"的本地人以及"离乡又离土"的农民工。

费先生早在 20 世纪 30 年代就注意到农村的代耕问题，

---

① 费孝通：《土地里长出来的文化》，见《费孝通文集》第四卷，302 页，北京，群言出版社，1999。

他在禄村调查时就曾注意到禄村存在"没有田的新户",这些"外来新户得不到土地所有权,在所住的社区中只能当佣工和佃户"。① 在费先生看来,在以农业为基础的乡村中,得到农田是进入社区的重要资格。可以说,费先生的《云南三村》是探讨农村代耕问题的一个起点。即使回溯到封建生产关系下的佃农、雇农,也可以看作某种形式的代耕,但那都是在与今天的社会形态有所不同的情境下展现的土地关系。今天所说的代耕农,则是中国工业化进程和特定农业制度共同作用的产物。也就是说,"土"范畴中添加了工业力量这一新的变量,但这并不意味着新的工业力量可以成为唯一的支配力量。

黄志辉在某种程度上接续了费先生曾经提出的研究问题。例如,他围绕土地问题阐述了多种支配力量的角逐、竞争、妥协,以及支配对象的生存、反抗及策略。代耕粮农"得土"与"失土"的过程,就是现代工业逻辑试图从"土"范畴中"脱嵌"出来的绝妙案例。代耕菜农在工厂外借助耕地建立"自我生产政体"的过程,也是工业逻辑无法独立存在的最好体现。更为重要的是,黄志辉在指出两种代耕农与农民工、当地人在逐渐结合为"跨圈层社区"的过程中,不仅

① 费孝通、张之毅:《云南三村》,71页,北京,社会科学文献出版社,2006。

工业与都市力量产生了催化作用，家庭、婚姻、情感、友谊等因素也是重要的促成力量。底层劳动者在用实践建设、积累其生存空间时，土文明中的各种传统力量仍在源源不断地提供动力。

今天看来，代耕农群体在当今中国已成为一个普遍现象，他们在不同的区域、不同的文化体系里，以不同的方式存在。例如，在中国广大牧区，随着草场的承包，牧民没有能力经营大面积的牧场，这时候出现了很多代牧群体。当前，在北京、上海、广州等大城市的周边都出现了"代耕农业圈"[①]，代耕农在城乡之间的过渡带上依靠土地来维持生存。他们通过流动，将自身嫁接到异乡的土地上。代耕农离开故乡进入他乡，但与当地村民之间却始终存在着身份上的差异感，与当地社会存在着融而未合的问题。那么，他们如何在异地的社会空间中谋求生存？他们如何获得当地社会的成员资格？在异域的时空里他们的精神世界又如何？这些都是值得深入探讨的问题。

黄志辉从"多重支配"到"无相支配"的研究，表明他最近两年到中央民族大学从教之后，在与"土"范畴有关的底层研究领域有了新的思考。在最近两年中，我去过几次他

---

① 黄志辉：《工业化与城市环形扩张过程中的生态与游耕——珠三角与北京郊区的代耕菜农》，载《广东社会科学》，2013（6）。

所调查过的田野，发现无论是代耕粮农与代耕菜农都发生了巨大的变化。相应的，作为生存的"土"与作为文化的"土"也发生了很大变化。代耕农的研究与"土"范畴的延续，还可以有更多的讨论。

是为序。

（2013年10月26日于中山大学·康乐园·孖仔屋）

◎ 家庭策略研究与社会转型

　　近 30 年来，在人类学、社会学、政治学等家庭研究领域中，"家庭策略"这一概念使用的频率越来越高。人类学的家族研究一直非常重视家庭的适应性研究，而且侧重于对弱势群体和少数族群的文化与社会适应的讨论。家庭在不同环境中的适应问题，已不再是一个被动的过程，而常常是一个主动调整的过程，即更加"策略"地适应新的环境。家庭在很多方面，是作为"策略"的家庭而因应社会经济变动的格局。

　　长期以来，家庭研究有几个特点。一是关注其内部的结构、特征和功能分析；二是侧重家庭与亲属网络、社区网络的关系；三是置于政治经济学的范畴中，讨论国家政策、社会制度、经济体系与其关系。近些年，家族研究越来越成为全球化与跨国流动中的重要领域。而在这几个家庭研究的维度中，家庭策略一直是讨论的核心之一。

（一）家庭策略与社会变迁

"家庭策略"（family strategy）这一概念，顾名思义是强调家庭本身的主体性、能动性及其应对复杂多元社会中的调整与适应，并对家庭的运行和发展做出合理的安排。国外家族历史的研究中，对于家庭策略较早做出解释的是安德森（M. Anderson），他在 40 多年前就强调，"如果我们要理解亲属关系模式中的多样性及其变化，唯一有效的方法就是有意识地明确认识，维持一种亲属关系模式的家庭成员有无获得利益"[①]。当然这是一个偏重于功利取向的思考。而社会学家布迪厄（Pierre Bourdieu）很早就强调，在以家族、氏族、部族等血缘为基础的群体中，为了自己群体的生存和延续，人们发展出很多策略。一方面，这些策略在维持继承的权利和特权；另一方面，为了扩大传承到下一代，集团整体会采用生物学的再生产诸策略。他具体举出了结婚策略、教育策略、育儿策略和继承策略等。在他看来，结婚策略是确保家

[①] M. Anderson：《产业革命和家户结构》，滨野洁译，见［日］齐藤修：《家族和人口的历史社会学》，88 页，リブロポト，1988。

系的再生产以及劳动力再生产的方式，这是最直接的角色，而教育策略是以家庭内的文化资本的继承为目的。^① 布迪厄的民族志研究，正是围绕着婚姻来讨论家庭策略的。

此外，在家庭与社会变迁的研究中，家庭策略的概念应用得也较多。例如，哈雷文（Tamara K. Hareven）的研究强调，亲属形成了工业化初期为工厂提供劳动力的网络和重要互助关系的基础，家庭和亲属在个人于工业化初期没有任何可依赖的保障的情况下，发挥着重要的资源储备功能。特别是个人的人生轨迹转变时，家庭的经济策略和相互依存性起了决定性作用。^② 其实家庭的安排，从文化的视角来看，涉及家族研究的有两个思考框架。其一是认为，家庭的存在是不言自明的，不同的地域文化有着不同的家庭特征；其二是认为，家庭的概念是所处社会文化建构过程中必不可少的组成部分。以此来回应欧洲中心主义的家庭观念，突出不同文化家庭类型的多样性都有其合理性。不过随着工业化、市场化乃至全球化的进程，家庭的结构和功能发生了很大的变化。传统上以血缘、地缘为基础的家族观念受到很大挑战。家庭作为社会的基本单位，和社会变迁有直接的关系。20 世纪

---

① 参见 [法] 布迪厄：《实践感觉》，今村仁司等译，东京，みすず书房，1990 。

② Tamara K. Hareven, *Family Time and Industrial Time*, Cambridge, UP, 1982.

50—60年代，古德（William J. Goode）的《世界革命和家庭模式》^①和斯梅尔塞（Smelser）的《工业革命中的社会变迁》^②两部巨著，把家庭和社会变迁相互关系的研究推向了新的高度。这两本书向正统的现代化论所提出的，由父系大家长制的模式向平等核心家庭过渡这样单一历史轨迹的思想进行了挑战。古德非常强调现代化如何影响家庭生活。他认为，现代化导致家庭生活从垂直家庭(vertical family)以及延伸的亲属关系(extended kinship)的义务转移，趋向夫妇间结合关系的优先。他的理论强调夫妻关系(conjugal bond)与核心家庭(nuclear family)，由此也就导致了包括削弱亲属关系纽带和义务的父系特性，子女将越发被平等地对待，并且他们越来越被认为对家庭有同等的价值。这一过度强调工业化与家庭结构核心化的观点，忽略了文化的传承和社会的延续特点。其实，很多社会文化的惯习，对于家庭策略的选择也起到了非常重要的作用。

像古德这种把家庭和社会变迁的模式仅作为单一方向变迁的理论，以传统和现代二分法来理解家庭的存在的确有着很多问题。之后一些学者的研究，强调传统与现代的有机

---

① William J. Goode, *World Revolution and Family Patterns*, New York, The Free Press of Glencoe, 1963.

② Neil J. Smelser, *Social Change in the Industrial Revolution*, London, Routtedge & Kegan Paul, 1959.

联系性，特别是对于像中国这样具有悠久历史和文化传统的国家来说，传统是永恒的主题之一。例如，斯坦塞（Judith Stacey）对中国传统的农民家族经济和价值观及社会结构变化和关系模式进行了详细研究，并通过对近代欧洲女性、工作、家族的研究确认，即使在急剧的社会变迁中，传统的家庭价值和行为方式仍在一定程度上继续保留着。[①]

随着工业化进程的进行，农民家庭在新的环境中，为了达成家庭经济传统的目的而考虑新的"策略"。例如，孔迈隆在 20 世纪 60 年代对台湾南部客家农村的家族研究中，发现"烟寮"[②]的农民大部分维持着大而复杂的家庭。他认为，这是因为在烟草的耕作中，按照季节集中地投入劳动力是很有必要的，最经济、最好的确保这种劳动力的方法就是维持大家庭。此外，儿子们职业多样化也是维持着大家庭的原因。因此孔迈隆在考察家庭时，把共同的家庭经济视为决定性要素，同居住地是暂时的还是长期的没有关系。即只要家计是共同的，则实际上即便分居的人们，也还是一个家。而家计的分裂才是家庭的分裂。[③]

---

① Judith Stacey, *Patriarchy and Socialist Revolution in China*, BerKeley, University of California Press, 1983.
② 调查地为台南屏东县美浓镇的一个集落，这一集落以烟草的生产为其主要特征，作者对这一集落用"烟寮"予以命名。
③ Myron L. Cohen, *House United*, *House Divided: The Chinese Family in Taiwan*, New York, Columbia University Press, 1976.

孔迈隆的研究主要是从经济的原因来进行分析的，很多批评者认为他的研究有些片面。事实上，为了理解为什么如此强调大家庭结构背后的经济合理性，就必须把他的研究置于中国儒教家族的历史脉络中予以考察。即大家庭的维持，也有文化的惯性。

正如斯坦塞所言，家庭策略在理论上不应该划分为文化的立场和经济的立场。事实上也不能分开。在"烟寮"，大的家庭适应烟草的栽培和多维经营的经济策略，在逻辑上是正确的判断，相反也是成立的。他还认为，孔迈隆的研究事实上想证明，属于所有社会阶级的中国父系家长制，非常有效地利用不同的经济条件以实现扩大家庭生活是可能的事，在中国传统社会的小农经济中，家庭和经济本身是不可分割的。①

综上而言，家庭策略是将家庭作为一个整体的能动的主体，讨论家庭在社会变迁过程中主动应对的策略。相比其他的讨论框架，家庭策略的分析视角将宏观的社会变迁过程与微观的家庭成员行为及方式联系起来，考察家庭对社会变迁做出的反应。在此基础上，将对家庭的观察和分析放在一个

---

① Judith Stacey， "When Patrarchy Kowtows: The Significance of the Chinese Family Revolution for Feminist Theory，" in *Cappitalist Patriarchy And The Case For Socialist Feminism*，ed. Zillah R. Eisenstein，New York and London，Monthly Review Press，1979，pp.299-354.

动态的背景中，从社会—文化情景的角度，动态地观察家庭和家庭成员行为变化的细微之处，家庭策略因而成为研究家庭的能动性和变化的特殊性的分析工具。面对全球社会进一步被"跨界"的商品和人口流动所穿越的事实，在区域社会中寻求多元文化共生之道，建立人类心态的共同秩序，依然要从家庭出发，特别是要以家庭策略的视角来拓展研究路径。今天在社会转型的过程中重新讨论家庭、家族等问题的时候，我认为，家庭策略的概念是一个很好的切入点。多年来，我在很多城市、农村和少数民族地区的田野调查和反思，都离不开对家庭的研究，其中家庭成员主动做出的适应性调整，实际上是把家庭伦理、社会继替等概念与复杂的、动态的社会转型联系起来，为我们重新理解当代中国和中国问题提供了一个新思路。

（二）社会继替是社会转型的基础

社会转型是改革开放以来，对于激烈变动的中国社会的一种定位表述。大多数研究集中讨论社会变动的现实状况和发展趋向，而对于社会的内在推动力，讨论得相对较少。带着这个问题，也就是中国社会的内在性活力在哪里的问题，我们回到社会本身的内在调节机制研究中。

恩师费孝通先生在 20 世纪 90 年代末和李亦园教授的

对话中，特别强调社会文化延续的问题。费孝通先生说：

> 中国社会的活力在什么地方，中国文化的活力我想在世代之间。一个人不觉得自己多么重要，要紧的是光宗耀祖，是传宗接代，养育出色的孩子。……看来继承性是中国文化的一个特点，世界上还没有像中国文化继承性这么强的。继承性背后有个东西，使它能够继承下来，这个东西也许就是kinship，亲亲而仁民。①

　　从中看出，费先生同样在强调文化的继承性问题，而能延续的此种继承性的要素 kinship（亲属制度）是非常关键的。在中国社会人类学中的亲属关系，主要通过家的文化观念及其社会性的结构和功能体现出来，即家直到今天仍然是认识中国社会的关键词。"中国社会的活力在世代之间"的表述，抓住了中国社会动态结构的基础。推而广之，中国文化和社会能得以延续，就在世代之间的继承和传承关系中。这种继承和替代，就是社会继替。

　　而家族、亲属的文化逻辑和层次性结构，是中国社会继替的结构性原则。费先生所说的世代之间的活力，其实就是

---

① 费孝通：《中国文化与新世纪的社会学人类学——费孝通、李亦园对话录》，见《费孝通文集》第十四卷，387～388页，北京，群言出版社，1999。

在社会继替的框架下，把中国社会和文化中最核心的东西提出来。即通过上一代对下一代的教育，整个社会价值系统经由家的"育化"（enculturation）与"社化"（socialization）作用传递给人，而维系这种传递性的很重要的因素，就是家的观念和家的运行机制。家观念是儒教思想的核心之一，"修身、齐家、治国、平天下"便是以家为中心构筑社会并由此推衍到国家，形成家国同构的传统社会形态。宋代程朱理学倡导的"庶民化的宗法制"，使之前只存在于上层统治者和文化精英之间的大家庭观念，逐渐在民间社会被广泛采用。而"齐家"的基础，便是要强调儒教式的家庭伦理对纵向的中国社会的重要意义，其集中的体现就是祖先崇拜和祖孙一体。

20世纪30—40年代的中国学者在对中国社会的家族与祖先祭祀进行研究时，潜意识中已经关注到了作为文化仪式的祖先祭祀与作为社会结构基础的家族、宗族的内在联系性及其与中国文化整体性的关系。改革开放以来，作为"传统"社会组织的宗族以及同姓团体的"祭祖"等仪式，出现了复兴甚至被重新创造的趋势。祖先是社会结构永久连续的象征，对祖先的追忆成为社会集团不断强化社会认同的重要方式。除此之外，现代汉族社会扩大化的联宗组织和同姓结合团体，以及在血缘和地缘关系基础上形成的同乡同业社会经济传统，也是"祖先力量"的新表现。

与祖先崇拜相关联的就是祖孙一体。家族延续的观念能够传承下来，在结构上与父子的延续有着直接的关系，在伦理上和中国的文化观念联系在一起。著名人类学家许烺光先生对家庭与文化的关系有深入的研究。他认为，家庭形态的不同固然影响差异甚大，但是家庭中成员关系的特性，才是影响文化的关键所在。许先生认为，中国的家庭成员关系以父子关系为主轴，因此中国的文化即是以这种父子轴的家庭关系为出发点而发展形成的。这种延续的观念扩大到整个民族，便成为维系数千年历史文化不曾中断的重要力量。

如果说以祖先崇拜和祖孙一体为基础的"齐家"是传统儒学对中国家的纵式阶序关系的概括，那么"修身"便是将其扩展到人与社会的关系之上，横式的差序关系是其特点。个人"学而时习之"，将以家为中心的初级制度融合并转化到他所处的社会中，经过创造，转化成家庭关系之外的社群、地缘等关系类别。这些不断扩展出现的关系和类别，实际上指出了中国社会中家的多层性这样一个重要的特性，"类中有推"便是中国社会中社会结合的重要原则。

我曾在《类别中的关系》一文中详细分析过中国社会"类中有推"的结合原则。① "群"是认识中国社会的一个重要

---

① 麻国庆：《类别中的关系：家族化的公民社会的基础——从人类学看儒学与家族社会的互动》，载《文史哲》，2008（4）。

的基本概念，"人以群分"便是说中国人把"群"作为自己体知世界和行为、行动的一个"边界"，在最基础的"群"——家庭中，父子关系的主轴是这个"群"得以维系的基础。从这个基本的"群"出发向外扩展，进而形成的血缘群体、地缘群体和业缘群体等次级关系网络，也是以"推"的原则展开的，是把家的理念扩展到家之外的社会、团体和组织之中，将整个社会家族化。即使到今天的社会，家族化的概念仍然是认识现代社会的重要概念。现在，我们在变迁中的当代中国乡村社会中继续观察和思考家庭与家族的概念时也会发现，"核心家庭本位"[①]已经成为乡村社会结构的文化特征。但是这并不意味着传统的伦理本位已经被其取代，正相反，以道德为基础的伦理本位作为核心家庭这个最小的"群"向外"推"的关键，成了社会结合的黏合剂。

　　但遗憾的是，在当下，后现代等新的研究范式越来越多地受到大家的关注，而家庭研究反而越来越不被重视。这是因为，一方面，相比传统的继替，学者们的研究视野更多地集中于传统的变迁，尤其是将现代中国的剧烈变革看作是一种割裂了传统的"现代"形态，从而忽略了延续的文化传统在现代化过程中的重要意义。另一方面，在社

[①]　谭同学：《从伦理本位迈向核心家庭本位——论当代中国乡村社会结构的文化特征》，载《思想战线》，2013（1）。

会学恢复后的这几十年中，中国的家庭研究自身也走入了瓶颈，研究和讨论的焦点还集中在家庭结构、家庭关系、家庭功能、家庭问题等方面。虽然近十年来，研究视角开始聚焦于社会变迁中出现的社会问题，如家庭养老、代际关系、空巢家庭、丁克家庭以及同性恋等现象，但是整体上看，仍存在"只见家庭，鲜见个人"等问题，更缺乏跨界和跨文化的比较研究。

（三）家族的跨文化比较研究

传统人类学的研究是将简单社会作为研究对象，其比较也是在简单社会之间进行的。随着人类学的发展，特别是第二次世界大战后，人类学的研究逐渐进入对文明社会的讨论，其视野也扩展到对文明社会之间的比较研究。事实上，人类学家由于巧妙地结合了整体的、跨文化的、进化的研究，因而创造出了人类学研究当代社会诸问题的研究模式。而家族策略的跨文化、跨区域比较，也让我们能更好地认识多民族中国社会，它是从社会结构的角度理解中华民族多元一体理论的重要切入点。

多元一体理论并非单纯是关于中华民族形成和发展的理论，也非单纯是费先生关于民族研究的理论总结，它是费先生对中国社会研究的集大成思想。它事实上是从民族社会来探讨其与国家整体的关系，是费先生对社会和国家观的新发展。中华民族的概念，本身就是国家民族的概念，而 56 个民族及其所属的集团是社会构成的基本单位。这一理论勾画出多元社会的结合和国家整合的关系，即多元和一体的关系。在汉族与各周边少数民族的互动过程中，少数民族和汉族形成一个双向的文化交流过程，最终整合出今天的中华文化。而家族与社会结构的研究，是认识理解中华民族凝聚力的重要基础。

我在很多年前就认识到，在中华民族多元一体的格局中，汉族与少数民族、各少数民族之间频繁的互动和交往的一个重要结果，就是儒家的伦理价值观以及汉人家庭的运行机制已经在少数民族社会中积淀下浓厚的文化因子，甚至有一些在汉族现代社会中已经消失的东西，仍然保留在少数民族的文化中。例如，云南的白族就被称为"比汉族还汉族"的民族，其意就在于，在汉族地区消失的很多文化，在周边的民族社会中很好地保留了下来。

如果跳出民族国家的框架，从多元一体的视域来讨论，以家庭作为研究单位的意义不仅仅在于"礼失求诸野"的文化发掘与比较，更在于以家的概念和以家为中心的社会结合方式，打通了汉族与少数民族之间、区域中各少数民族之间的各种边界，透过多样性的家庭生计和家庭生活方式，来理解各民族群体生活的期望和目标。在此基础上才能理解多元的社会与文化，与作为一体的中华民族追求家庭和谐的心态之间的关系。

不同区域的少数民族群体在应对经济建设所带来的生计生活问题、生态移民问题时，都不是被动地接受政策调整带来的变动，而是以家庭为单位进行积极的调整，以适应政策变化带来的社会变迁。

比如，我考察过的内蒙古东乌珠穆沁旗的牧民通过不断改变家庭生计的策略，主动适应游牧社会的变迁。在市场经济竞争和政府生态政策的双重压力下，牧民通过草原使用权在家庭间流转、高价出租草场等方式缓减自家草场的压力，积极参与市场经济。另外，牧民通过建立合作社整合小户草场、基础设施和劳动力，从而减少重复建设带来的资源浪费，提高了规模效益。而在此过程中，牧民形成了一套新的生态观和生计方式。

我这几年在粤北山区做过排瑶和过山瑶村寨的调查。当地的瑶族群体在生计上面临着多种选择，很多家庭选择外出打工、代耕、做季节性山林看护消防队员等。符合条件的村民，移居到县城的移民社区。在移民的过程中，很多家庭形成了"两边摆"的生计生活方式，即一方面在城里或打工的地方生活，另一方面，也没有完全离开村寨，在村寨仍有自己的房子、田地等。他们没有因为移民而永久性地离开原住地，因为那里有他们无法切断的血缘纽带，以及地缘和民族身份产生的归属感；更为重要的是，瑶山也是瑶民灵魂归属的所在地，是他们心中祖先居住的神圣世界。正是这一神圣空间始终牵扯着他们回住居地的心，在现代大潮的冲击下仍然部分保留着瑶族传统的宗教仪式和宇宙观。所以"两边摆"的生计和生活方式，也是瑶民传统与现代相融合的象征。

我多次考察过藏彝走廊中处于"汉藏之间"的白马藏人。受到汉人社会"家"的概念影响，他们的"亲戚"关系成为群体内部所有的社会关系的基础。个体家庭不仅是独立经营的基本单位，而且通过个体家庭之间的劳动互助与交换，将更多家庭、个人纳入自我家庭的生产生活体系，在区域社会中形成了网络状的关系结构，相互连接起来，共同应对经济社会的变迁，同时也可以更好地适应当前的自然生态与社会环境。

通过以上案例不难发现，虽然内蒙古牧民、粤北瑶族和白马藏人之间的传统文化、生活和生产方式之间存在着明显的区别，其家庭结构和社会整合方式亦有所不同，但是其家庭策略都是主动地调整生计和生活方式，以适应不同生存环境下的家庭生活。

（四）离土又离乡与家庭策略

人类学在面对多元社会文化的现代化转型时，开始反思"文化的权利到底是谁"的问题。特别是对于农民而言，在他们从"离土不离乡"到"离土又离乡"的模式转变过程中，其家庭生活接受了新的挑战。

农民的劳动是传统中国社会秩序的生产基础，前面提到的斯坦塞在论证中国小农经济的特点时，重要的一点就是，农民家庭作为基本的生产单位，维持家族和进入市场是其生产所得的两个分流方向。这一点也指出了中国小农经济的一个重要特征，就是农业与副业相结合的生产结构。费孝通先生用"牛郎织女"的例子来形容这种兼业的生计方式，并指出，小农经济的这种家庭分工以及农业与手工业的分工模式，不但确保了家庭经济结构的长期稳定，也同时生产和再生产着农民家庭。

近些年来，我们从对武陵山区农民的家庭生计和生活的持续观察中发现，劳动力的外出务工并非能被简单地看作是农民被动"离土离乡"的结果，而在外打工的年轻人与乡村留守的老幼，也并不是相互独立的两个经济和生活单位。实际上，外出务工是农民家庭根据上一年或者当年的农业生产情况做出的主动性选择。以重庆石柱土家族自治县八龙村为例，自2000年至今，农村的经济结构出现了一次重要的变动，呈现出从单一种植黄连到减少黄连种植面积，大量种植莼菜的一种变动趋势。观察八龙村经济结构的这一调整，不能简单地将其看作是新品种的引进和外来经济冲击的结果，其实与经济结构调整同步出现的另一个变动趋势就是，农民家庭劳动力的一次主动分配。我们看到，黄连和莼菜的种植和收获有明显的周期性限制，农民在对比打工的工资报酬和黄连售卖所得之后，其劳动力的外出务工表现出季节性变化。在需要大量劳动力投入的前后几个月，家庭劳动力的外出务工类型主要是进出限制较宽松的工种，外出务工半径主要是就近务工与"钟摆式"往返的情况，而在黄连生产和收购的淡季，外出务工类型更多地变为进厂或进工程队打工，其外出务工半径逐渐扩大。除此之外，伴随着乡村经济结构的第一次调整，农民外出务工的情况也随着莼菜的生产和收获周期发生变动。

再如重庆的 "棒棒"。这些在城市中从事重体力劳动的社会底层群体，伴随着居住模式和家庭结构的变化，举家向外流动使得他们对于夫妻情感的表达和对下一代的信念表现出了新的特点。离开了农村的家庭后，夫妻有了更多的情感空间。为了让下一代有更好的物质生活条件，他们更加拼命地挣钱。因此，"棒棒"在面对城市艰难生活时，不是一个个无助的个体，背后是支撑他们努力向上的家。而整个家庭在融入城市时，不断地发挥着其多面和灵活的作用，帮助"棒棒"更好地适应城市，而这也正是出于延续家的传统的结果。"棒棒"群体在实际生活中并非排除工具性和实利化倾向，反而展现了中国农民善于灵活利用资源追求目标的实用理性。

（五）跨界与家庭生活

文化自觉是多元文明之间对话和共生的重要基础。2000 年夏，国际人类学与民族学联合会中期会议在北京召开，费孝通先生在本次大会上提出了"全球社会"理念，强调在全球化过程中，不同的文明之间如何共生，特别是作为世界体系中的中心和边缘以及边缘中的中心与边缘的对话，越来越成为人类学所关注的领域。而今天，面对全球社会进一步被"跨界"的商品和人口流动所穿越的事实，在区域社会中寻求多元文化共生之道，建立人类心态的共同秩序，依然要从家庭出发，特别是从家庭策略的视角来拓展研究的路径。

近代以来，随着资本、劳工、资源、商品等跨国流动的日益频繁，传统的边界已经被打破，联结成一个整体性和多样性相结合的跨区域网络体系，而区域内多种社会网络及象征体系，则是这个区域社会得以延续的基础。以环南中国海区域来说，山地文化、平原文化和海洋文化的交融，使这一区域呈现出多元共生的网络体系。华人群体和其他移民群体在这一区域中流动，在物质交换的过程中，带动了社会网络在更广泛的层面上扩展和流动。

在这种跨界的生活中，个体家庭处在一个什么样的位置呢？我们看到，在广州的非洲人作为非洲离散群体（African diaspora）的一部分，以移民的身份进入中国这个新的移民目标国，亲属关系和地缘关系成为他们建立社团组织、合作互助的基础，也形成了"过客家户"的特殊形态；而中国的技术移民——工程师群体，在移居新加坡之后，围绕家庭和家乡形成了国家认同和多重身份认同。"家"的概念在不同维度中发挥着不同的作用，在移民地由重构产生的家，往往将传统元素整合进跨国家庭中，以塑造稳定且完整的家。从中国到新加坡，家庭关系的纽带跨越了民族国家的界限，物理空间的变化并未导致家庭模式的变化，看似脆弱的家会不断调整策略，以适应外部环境的变化；在延边地区，朝鲜族女性大量外嫁韩国，引发了娘家男性和中老年人的跨境劳务移动，随之形成了跨境的扩大家族；而在华南侨民中普遍存在的"两头家"形式，架起了本地华人社会与中国本土社会的桥梁，为理解侨乡社会的传统文化和社会结构提供了较好的研究个案。

相比跨越国界的流动，在工业化的大潮中往返于城市和乡村之间的农民工群体，实际上也是在"跨界"。在此过程中，在乡的留守人口，通过调整家庭结构、恢复家族联合生产（经营）等方式来确保留守老年人和儿童的正常生活。而涌入城市的农村青年，通过劳动、婚姻等形式与当地社会结合，形成了跨区域的家庭类型，一定程度上不仅可以缓解外出打工者面对市场经济竞争激烈的压力，打工者之间的结合，可能也会成为一种新的、对抗全球资本流动对人性异化的活力因子。

从这些案例中不难发现，人的流动不会因为跨越国家疆域而失去与当地社会和本土的互动能力。将跨界流动的个体与地方社会联结起来的，正是个体家庭以及由家庭血缘关系扩展而来的关系网络，他们会依据环境和社会的变迁而选择家庭策略以延续家族的发展，有时这种策略会成为集体选择的结果。

在全球背景下，跨越民族国家边界的所有人文交流的时空过程，不仅形塑了区域的文化生态，同时还具有社会整合的功能。区域各文化社会事项的流动，暗含着某种稳定的深层结构。网络化的区域社会体系，构成了讨论全球社会方法论基础。通过家庭成员"跨界"，带动其家庭结构、家庭生计发生变化，又进一步扩展影响到家族以及地缘关系网络中其他的个体家庭。反之，从个体家庭的 "小窗口" 出发，我们看到的是现代化、全球化带来的深刻影响，这种变化是实实在在、可以触摸的。所以我认为，家庭策略是理解跨界生活和全球社会的重要视角。

从上面的讨论中不难发现，家庭策略并不是一个复杂的学术概念，简单地说就是个体在日常生活中对家庭的经营。其中，文化的因素和经济的因素是不能分割开进行讨论的，而要将家庭研究、社会研究和人的研究结合在一起。在对不同区域家庭生活的田野调查中我们发现，家庭成员的主动性调适是以传统的家庭制度为基础的创造性行为。在社会转型和变迁的关键时期，村落、社区甚至城市等地缘性的大共同体常常处于不断的变化之中，个体为了更能适应生活的变化，以家庭为出发点，对家庭结构、家庭生计、家庭分工、婚姻等制度和观念做出的调整，在整体上是策略性的。个体要关照的不仅仅是自己生活的舒适和方便，整个核心家庭甚至血缘关系结合的亲属关系可能会产生的变化，都是其考虑的重点。因此，在社会大变动的时期，个体对家庭和血缘关系的认同，在某种程度上反而会得到进一步的强化。家庭支持也将是家庭策略研究的重要组成部分，也是今后家庭策略研究的重要方向。

（本文原刊于《思想战线》，2016 年第 3 期）

◎ "乡土范畴"与"破土而出"[*]

初次听到"棒棒"这个词，是在 20 世纪末的电视纪录片中。片中对于这一群体的生活做了非常有趣的展示，那种西南官话的调子至今还在我的脑中回旋。秦洁考上我的博士生后，我听到她常和几位来自重庆、四川的同学用重庆话交流，那种语境让我马上联想到电视片中"棒棒"的语言。当时我就觉得让她来做这一群体的研究，应该会找到人类学的感觉，特别是从女性的视角来做研究，会做得更加细致入微。我提出这一想法后，她很快就接受了。秦洁是地道的重庆人，当她带着人类学者的人文关怀和社会

---

* 本文为秦洁《重庆"棒棒"：都市感知与乡土性》（北京，生活·读书·新知三联书店，2015）书序。

责任感去观察她生活的世界时，身边的"他者"——重庆"棒棒"带给了她强烈的震撼。重庆"棒棒"是一个以男性为主体的社会底层群体。作为一名女性学者，她深入该群体，勇敢地迈入人类学这一广阔的文化田野，开展了一年多的田野调查，并在此基础上完成了题为《都市感知与乡土性——重庆"棒棒"社会研究》的博士论文。论文答辩受到好评。取得博士学位后，她又持续跟踪调查，整个研究长达六年多。我们可以想象一位年轻的女性，整天跟着底层社会的男性"棒棒"跑上跑下，还要在他们有暇的情况下进行调查访谈，需要克服的困难可想而知。由于她的学术勇气和不懈努力，该民族志通过女性学者特有的细腻眼光，以丰富扎实的第一手资料呈现了一幅现代都市贫民生活的生动画卷，系统刻画了"棒棒"群体的生存状况和心理状态，探讨了中国农民工城市融入和适应的特殊性问题，深化了城乡关系中有关都市性和乡土性的讨论。

重庆"棒棒"是自 20 世纪 80 年代以来逐步形成的处于低端劳动力市场、以搬运服务为主、具有山城区域特征的一种农民流动务工形式。该群体在人员构成上属于农民工的一部分，但是又不同于国内外学者广泛关注的工厂体制内的农民工，具有流动的散工性质。同时，作为一个行业，"棒棒"又是中国城市化过程中的一个传统行业——"苦力"（如码头工人、人力车夫、轿夫、脚力、挑水夫）的延续。关于"苦力"群体，在 1949 年之前，有很多前辈学者，特别是社会学者进行过深入的调查和研究。秦洁在中山大学图书馆里，花了相当长的时间，从当时不同的杂志中，找出有关这一领域的调查和研究论文，为自己进入田野调查和建立学术意识，打下了较为扎实的基础。因此，在某种意义上可以说，该民族志研究不仅是当代中国农民工研究的一部分，而且也是民国以来底层社会（如底层职业群体）研究的延续。

（一）都市感知与乡土性：社会和文化的延续性

该民族志研究的副标题"都市感知与乡土性"，揭示了该研究的分析工具和研究主题。在人类学研究传统中，无论是侧重于个性的"情绪""欲望"与"动机"，还是侧重于共性的"人观""文化心态"与"民族心理"，都是以感知为基础的。感知是个体心理过程、情感体验、认知模式的基础，经由个体的感知可有助于通达群体心态。以感知为起点，不仅可探知包括情感、道德感等内容的主观感受，而且能明了行为实践背后的动力机制和理性决策过程。作为女性研究者，秦洁对于直觉的现象，有很多感觉。在研究中，她紧紧抓住感知这一主线，以此为基础发掘感知背后的社会文化意义。可以说，她为底层社会的民族志研究建立起了自己独到的分析视角和框架。比如，作者提出了都市感知的概念，并将之充分应用到此项研究中。这一概念对于其他地区的类似研究，也有积极的借鉴意义。

她细致考察了重庆"棒棒"都市感知的特点和内容，揭示了在中国快速都市化的背景中，重庆"棒棒"固有的"乡土性"所呈现的状态、所发生的变化、在该群体融入的过程中所扮演的角色等问题。

她是基于城乡二元关系以及人口流动的大背景来展开调查和讨论的。我在多年前的一篇文章中曾指出，在全球化背景下，"流动"成了全球人类学的核心概念之一。中国社会的人类学研究也越来越关注动态的群体。中国的城乡二元户籍制度在 1958 年定型；此后，未经官方许可，人口从农村向城市的流动受到严格的禁止和管制。改革开放后，这些限制对由经济因素引发的人口流动的阻碍越来越明显。在此背景下，中国社会的人口流动形成了多种发展模式。恩师费孝通先生从 20 世纪改革开放政策实施时开始，就倡导城乡关系的协调发展。我在北京大学跟随先生读博士的研究方向就是"城乡社会学"。众所周知，费先生当年所提出的"小城镇、大问题""小商品、大市场"以及不同区域的发展模式，推动了中国社会的长效发展。如其概括的"苏南模式"的特征是"离土不离乡"，那里发展起了众多的乡镇企业；而"温州模式"则是"离土又离乡"，当地有数以十万计的遍布全国市场的小商品推销员；后来，大家习惯性地把农村人口到城市打工称为"离土又离乡"。而对近30年来形成的中国农民工浪潮的调查和分析来说，费先生早年的研究，是这一领域研究的学术起点。目前，对农民工的研究已经成为学术热点之一，相当多的研究集中于农民工在不同区域和过程中生产、生活以及维权等方面，而对于有着特殊历史传统的特殊流动的农民群体，如"棒棒"群体的研究相对较少。秦洁认为，"今天在重庆随处可见的'棒棒'，正是在供需、价格完全由市场调节的背景下，自20世纪80年代逐步形成的处于低端劳动力市场、以搬运服务为主、具有区域特征的一种农民流动务工形式"。在城乡对立、人口流动的大背景下，对"棒棒"这样的"都市中新的社会阶层——农民工中的特殊群体"展开研究具有很大的学术价值和现实意义。费先生的研究框架中，特别强调社会和文化的延续性问题；秦洁在她的研究中，一直秉承这一研究传统，既要回到"乡土范畴"，同时还要"破土而出"。

针对重庆"棒棒"长期流动于城乡之间这一特点，她提出该群体是传统文化（乡土性）和现代文化（都市性）的沟通者。她关注了这样的一个群体坚守乡土性的现状及其与城市融入的关系，讨论了都市化过程中中国农民工如何在乡土性与都市性之间游移，如何选择性地保留其乡土性、选择性地适应都市性的问题。她将人类学乡土性这一经典论题置于都市化过程中来讨论，反映出中国城市本身还是打着乡土社会的深深烙印。这一思考，在某种意义上使她从城乡二元对立的学术强势话语中跳了出来，没有落入俗套。她注重挖掘乡土性在都市融入过程中的延续及其新的特征，在调查中很有意思的发现之一，就是在与都市这个"陌生社会"互动的过程中，"棒棒"之乡土文化资源，对他们适应城市所发挥的积极作用。这一从乡村来到城市的群体，他们的社会是如何构成的呢？在讨论中，我希望作者一定要关注"棒棒"社会中社会结合的纽带，以及"棒棒"社会的乡土范畴、亲属关系、人伦传统和文化惯性的关联性问题。我在2009年出版的《永远的家》一书，副标题就是"传统惯性与社会结合"。当时我也希望她能讲出"棒棒"社会的这个道理来。她在调查研究中深入"棒棒"的基层生活，发现了这一社会结构中"坨"的社会文化特征。用作者的话来说，"坨"这个词是用来量化或指称社会内部的某个群体，可以将其视为"棒棒"社会中最小的结构单元，他们也以此来形容"棒棒"的聚集状态。这揭示了重庆"棒棒"这一分散型散工社会特有的社会结合方式。在此基础上，作者特别强调关系在其中扮演着非常重要的角色。"坨"是重庆"棒棒"按照以"己"为中心的人伦差序格局形成构建"棒棒"社会的基本单元。当然，这种社会结合方式在很大程度上是以乡土社会中原有关系为纽带的，但它并非排除工具性和实利化倾向，反而展现了中国农民善于灵活利用资源追求目标的实用理性。这个以关系为纽带、兼具人伦和理性色彩、极具伸缩性的社会关系体，可以概括为"强关系、弱组织"的社会群体。这一群体是个体性与团体性融为一体的社会。个体的特殊性表现也是"棒棒"社会的特征之一。该研究通过社会结合的特质来剖析文化传统的特质、功能的过程，凸显了类比与关系的研究，特别是类比中的关系对中国社会结构研究的重要性。

社会生活中个体的重要性不断提高并非一个新现象，它是费孝通先生提到的"三级两跳"社会（具体指农业社会、工业社会、信息社会并存的社会）的一大特征。个体与社会的关系在古典社会学家涂尔干和马克斯·韦伯的理论中已经具有核心的地位，至现代社会理论中依然不变。

费孝通先生认为，对"社会"历来有两种基本上不同的看法。一种是把社会看成比生物群体高一层次的实体，另一种则是把社会只看成人的群体的生活手段。他所理解的潘光旦先生关于"中和位育"的新人文思想，则是一种把人和社会结成一个辩证统一体的看法：一方面，要承认社会是实体；另一方面，能行为的个人是活的载体，是可以发生主观作用的实体。因此，社会和个人是相互配合永远不能分离的实体。①

---

① 费孝通：《个人·群体·社会——一生学术历程的自我思考》，载《北京大学学报（哲学社会科学版）》，1994（1）。

为什么"棒棒"会比城市居民更倾向个体与团体的结合呢？在某种意义上可以说，长期的城乡二元制度安排让农民无法享受城市居民的社会福利，即从先前深嵌于其中的原有的集体制度中获取不多，因而农民在经济改革中具有强劲的脱嵌动力。当今改革时代，以"棒棒"为代表的体力劳动散工群体依然游离于国家提供的社会福利体系之外，他们必须依赖于原有的社会网络如家庭、老乡、熟人圈等以自我保障。因此，"棒棒"社会虽然有其个体的选择和自由，但原有社会网络关系是其在城市中生存的基础关系之一。当然，随着城市社会组织特别是第三部门的兴起，这些城市中的"棒棒"群体是否会被纳入城市社会管理与福利体系之中呢？这是我们要面对的问题。

对于传统的农民群体进入都市之后，如何依托乡土资源所从事的"业"，有很多研究。比如，"同乡同业"，吴重庆教授认为这个概念"准确地反映了经济活动与特定社会网络之间的相互嵌入关系"[①]。吴重庆教授研究福建沿海偏乡孙村的金银首饰加工业如何依托乡土社会网络，以"同乡同业"形式兴起并遍及全国。孙村该行业的交易成本和生产要素成本远低于其他同行，其竞争力和扩张力很强大，也是由

---

① 吴重庆：《"界外"：中国乡村"空心化"的反向运动》，载《开放时代》，2014（1）。

于"打金业"的经济活动与在地社会网络紧密相嵌。[①]而谭同学的研究发现，在全国范围内经营数码快印业的湖南新化人群体，以亲缘和地缘关系网络为基础的社会因素有利于降低交易成本，加上技术上的优势，从而在市场中具有更强劲的竞争力，这说明了社会与市场具有契合的一面。[②]

在吴重庆和谭同学的研究中，无论是金银首饰加工还是数码快印，都有技术支撑的背景，而秦洁所研究的"棒棒"群体，则没有工艺和工业的概念，是一种以出卖体力的直接劳动、在一定意义上也是一种以身体的付出为手段而形成的特殊的劳动力群体，但在乡土资源的利用上具有与"同乡同业"群体一定的类似性。

（二）身体、身份与心态

如何从学理上分析"棒棒"群体的身体付出呢？人类学的身体研究给这一分析提供了很好的视角。身体研究的兴起与 20 世纪 70 年代女性主义运动的兴起、资本主义消费文化的高涨对人类身体的冲击和商品化过程密切相关。受此思潮

---

① 参见吴重庆：《孙村的路：后革命时代的人鬼神》，北京，法律出版社，2014。

② 谭同学：《亲缘、地缘与市场的互嵌——社会经济视角下的新化数码快印业研究》，载《开放时代》，2012（6）。

影响，身体研究多针对女性身体展开，探讨主题也多围绕身体政治、生育性身体、身体规训等。但是，一方面男性身体在研究中缺失或低度显影，另一方面对身体的商品化过程探讨也较少。而秦洁的研究恰恰弥补了上述不足。特别是她将身体感知纳入对农民工群体的研究中，并以此来讨论人如何使用物质性的身体，如何经由感知的渠道主动地获得身体技术和运用身体技术的问题，更是值得重视。

山城"棒棒"以重体力支出为其显著的生计特征，其身体既是生存的工具和手段，又是体验"痛"、体验"累"的物质性存在，也是铭刻社会文本意义的载体。山城"棒棒"以体力支出为特征的生计过程，可以被视为身体技术生成和展演的舞台，是身体经验获得与实践的典型呈现。作者从身体经验的视角考察"棒棒"生计过程中的身体经验与身份意识的关联性，揭示出"棒棒"的身份意识是身体经验的产物，也是社会意识形态制约的结果，即"棒棒"的身体经验和社会二者共同构建了"下力"的身体和特定身份。重庆"棒棒"的研究，是对身体经验研究理论的延续和拓展，而且丰富了身体商品化过程的实证研究。

在身体商品化的过程中，"棒棒"的内心世界如何？特别是该群体在融入城市过程中，心理上的困惑和感受如何？作者从"羞"与"忍"的关键语中，提炼出了核心概念。在人类学中对关键词的解读，构成了学科研究的一大特色。本书中"棒棒"丰富的"羞"与"辱"、"辱"与"忍"的情绪，展现了"棒棒"在都市生存中，对其社会地位和身份的情绪感受，也是其身份归属复杂性和特殊性的表现。同时，我们也看到，他们在如此的压力之下寻求心理平衡的策略。最后作者的结论为，他们不是"问题农民"，虽然焦灼和挣扎，却依然从容和自得其乐。这一在都市适应过程中的向上心态，构成了社会的"正能量"。

提到"心态"的研究，我联想到费先生晚年在很多讲话和文章中，都强调过"心态"的问题。比如，《孔林片思》一文，就强调了人类的"心态秩序"。他在晚年最后一篇长文中指出：

"心"的概念，以其独特的思考维度，也成为阐释人际关系的一个十分重要的范畴，比如"心心相印""心有灵犀""知人知面不知心"等。用"心"来陈述人际关系，着眼点不在这些"关系"本身的性质和特征上，而是在于当事者的"态度"，其背后的潜台词似乎是说：不管什么样的关系，最重要的，是人的态度，是"态度"决定"关系"……这种以"态度"为重点的人际关系理念，不是抽象思辨推导的结果，而是千百年社会实践的总结，是自有其内在的宝贵价值的，很值得我们今天的社会学家加以关注和研究。①

---

① 费孝通：《试谈扩展社会学的传统界限》，载《北京大学学报（哲学社会科学版）》，2003（3）。

"棒棒"在面对很多"辱"时，采取了"忍"的态度，这一态度决定了他们在城市中得以生存的基础，是他们对自身的社会实践的总结。书中相当多的内容涉及心态，综合起来可以概括为，从心态的角度来考察身份认同，由此看到"棒棒"在都市融入历程中的感受和心态，反映了他们生计方式的特殊性与社会地位的关系；"棒棒"在都市生存过程中对社会地位和身份的情绪感受，为他们对身份归属的特殊性表达找到了一个较新的角度，又揭示了这一群体被置于都市社会底层的现实。作者进一步指出，传统的劳动方式既增强了"棒棒"的谋生能力，又成为其负面情绪产生的直接来源；乡土社会原有的生活习惯、卫生习惯成为适应都市的直接障碍；而家庭观念、伦理道德和身份归属等乡土特质对其都市适应则发挥着正面促进的作用。身份意识和身份归属是乡土性在都市适应过程中的表达，构成了乡土性在都市适应过程中依然延续的根源。

（三）"棒棒"社会的文化根性

　　作者的研究思路自始至终坚持把人类学的"社会研究传统"与"文化研究传统"有机地结合起来，使"棒棒""社会"研究与"棒棒""文化"研究互为手段和目的。一方面，通过"棒棒"之社会结合特征来剖析"棒棒"的文化特质；另一方面，通过对"棒棒""根性"的揭示来剖析"棒棒"的社会构成。该研究通篇所关注的"乡土性"，特别是在都市性与乡土性互动过程中中国农民当下的"根性"，体现了入城农民的生活逻辑、文化性格和生活方式，具有强烈的文化研究倾向。该研究基于丰富的田野资料，发现并提出重庆"棒棒"是一种精神或生活方式的都市性与乡土性"共生"现象的载体，强调乡土性与都市性的共生状态不仅是一个空间（农村与都市）意义上的，而更接近于文化意义上的连续体。

该研究关注民生，具有现实意义。特别是研究发现乡土性在提高"棒棒"长期生存能力和寻求心理平衡方面发挥着促进作用，这为思考如何保护和尊重都市化背景下都市底层群体固有文化观念中的价值取向和人伦道德，帮助他们坚守、重归或获得身份的归属感和情感的支撑提供了参考。这也再次强调了都市化过程中如何保留或传承乡土文化，现代化过程中如何传承和发扬传统文化的问题。该研究也提出了重庆"棒棒"的未来走向这一严峻的现实问题。因此，如何改善"棒棒"群体的生存处境，创造平等公正的社会环境，值得政府、学界的高度关注。社会公平是社会建设的根本目标和重要特征。社会公平是社会资源的分配能够在一个相对稳定的系统里，满足属于该社会人们的心理的、物质的、政治、法律、社会福利、医疗和教育等方面权益的一种社会尺度。对于社会公平，过去人们主要是从伦理、价值的层面去理解的。自著名教育家、哲学家约翰·罗尔斯（John Bordly Rawls）提出"作为社会公平的公正"以后，社会公正落实到了经济利益调节和补偿、社会差距的缩小和社会机会的平等这样一个更具体可操作的层面。罗尔斯通过对公平问题的探究，提出了公平的三条原则：（1）每个人都能获得最广泛的、与其他人相同的自由；（2）一个人获得的不均等待遇，如地位、职业、利益等应该向所有人开放；（3）如果起始状况（收入和财富分配）不同，处于不利地位者的利益就应该用"补偿利益"的办法来保证公平。[①] 都市中的"棒棒"群体如何享受包括社会保障在内的公平待遇，也是考验一个城市社会建设和社会管理的水平所在。

在技术不断进步的今天，"棒棒"这类靠出卖体力的群体能维持多久？这让我联想到，早在1925年，陶孟和在《北京人力车夫之生活情形》一文中，就提出"人力车必须废止，社会中不能再容有非人道之运输工具。但迄于今日，其他新式之交通器尚未设置，吾人亦即不能贸然将人力车完全废止。将来北京人民或政府有敷设电车之决心，或一旦公用汽车或电车能驰驱于北京之通衢之上，此数万之失业之人力车夫，

---

① 参见［美］约翰·罗尔斯：《正义论》，何怀宏等译，北京，中国社会科学出版社，1988。

依然为社会之重大问题，须吾人设法解决"[1]。人力车夫已成为历史，然而今天存在的"棒棒"一旦失业，不是也同样面临 90 年前陶孟和先生所担心的问题吗？他们在城里真能"破土而出"吗？

---

[1] 陶孟和:《北京人力车夫之生活情形》，见《北平生活费之分析》，130 页，北京，商务印书馆，2011。

民族地区与社会发展

◎ 家的传承与民族认同：方洞瑶族追踪调查与再研究 *

何海狮博士在中山大学哲学系读本科时，就对人类学产生浓厚的兴趣，常来旁听人类学系老师包括我开的课程。本科毕业后，他考上我的硕士研究生，之后又获得硕士和博士学位连读资格。从 2008 年到 2013 年，他一直随我攻读人类学博士学位，并顺利通过答辩，获得人类学博士学位（法学）。

---

* 本文为何海狮《家屋与家先——粤北过山瑶的家观念与实践》（北京，社会科学文献出版社，2013）书序。

（一）追踪与再研究相结合

海狮读博士研究生以来，随我在海南、广东、广西等不同民族地方进行过田野调查，在对不同区域调查的基础上，我们确定以杨成志先生早年的调查地方洞为田野点，以广东粤北乳源瑶族为研究对象，考察瑶族社会的整体变迁。一开始，该书实则是一项对人类学的追踪研究。然而，当年杨成志等人发表在《民俗》杂志上的调查研究成果，均为专题式的调查报告，经济生活、社会组织、宗教信仰、歌谣传说、房屋建筑等，不一而足，而且调查时间也较短。这实际上为追踪研究添加了一些障碍。

海狮和我讨论后，认为此项追踪研究不能完全延续和采用当时的分篇专题报告形式。于是我们决定将这些专题报告打散重读，不拘泥单篇或多篇的内容，而是将这些珍贵的研究成果作为方洞的整体社会与文化背景来看。我觉得，追踪研究最重要的是研究过程本身，即"时空穿越"自身的学术价值。这至少体现在两点上。第一，具有传统研究的接续。不管追踪研究采用何种形式，都是对传统研究生命力的再次彰显。换言之，接续研究本身就有其学术价值。第二，在时空转变中，社会的方方面面都发生了很大变动，引出许多学术话题，如传统与现代、断裂与延续、流动与变迁等。我特别强调"时空穿越"本身在学术上的意义，并鼓励学生对前辈田野点进行多种形式的追踪调查研究。即便是前辈所记的某种仪式、某个现象、某种建筑消失了，在这"无"中，我们也可以读出很多丰富的内容，读出"有"来，我曾开玩笑说这是"无中生有"吧。海狮在方洞进行初步调查后，向我表达了对能否完成此项追踪研究的担忧。我当时"搪塞"了他，只是让他继续深入做田野调查，给他宽宽心。其实，我心中有数，这类研究的价值就在于追踪本身。现在看来，海狮的这份"答卷"，也再次印证了我的说法。

他在田野调查的中期，带我来到了方洞。至今进村的道路旁还是客家人居住的村落，越往里走，崎岖的山路越加陡峭，旁边就是万丈深渊，开车的司机一直都很紧张。然而，快到方洞村口，在高山峻岭中出现了一块谷地，种着以水稻为主的农作物，小溪的流水声不时地与山谷相呼应，发出了仿佛佛境中的悠扬乐声。进到村里，陶渊明在《桃花源记》中所描述的场景，不时浮现在眼前。村里的人们非常朴实、热情，杨先生当年调查时所记述的一些建筑依然存在，似乎先生的眼睛在看着我们。此时，我深感当年杨先生等前辈学者来此调查的艰辛。当然，现在当地的生活与内地的乡村已没有多大差别。经过踏勘，我更加相信不能囿于传统的追踪研究模式，而是要通过对具体的社会变迁过程和现在所呈现的社会状况进行研究。

海狮的调查是在整体把握的基础上，以方洞瑶族的家及社会结构为切入点，考察瑶族社会的内在特点和变迁过程。这样，杨成志等前辈调查中关于瑶族经济、组织、宗教、歌谣、房屋等方面的描述就成为极为重要的参考资料。显然，这种追踪研究方法与传统追踪研究有一定差别。海狮的追踪研究并未直接延续前辈的核心话题。他将自己的研究定位为"追踪研究"与"再研究"相结合，一方面，接续杨成志等前辈的诸多探讨，以历时性观点，在"时空穿越"中把握方洞瑶族社会的变化；另一方面，他的研究又沿着自身的思路进行，这个思路就是家及其社会结构（该书第21~22页）。在博士论文中他强调以家为中心的社会延续的观念，并以此为出发点重新考察瑶族家庭与村落的组织、《家先单》、度戒、盘瓠传说等主题。

（二）类型比较与民族认同

在我和海狮数不清的讨论中，恩师费孝通先生早期对瑶族的研究，及其"六访瑶山"对南岭民族走廊的研究，也是我们的出发点。在对瑶族的研究中，尤其是对南岭民族走廊的瑶族的研究，是费孝通先生一直在推动的研究课题。早年，费孝通先生与妻子王同惠女士前往广西大瑶山做田野调查，如果不是意外事故，他们将继续调查大瑶山的其他几个支系。

20 世纪 80 年代，费孝通先生准备重续大瑶山调查，可惜年事已高，只能作罢。费先生于是倡导年轻学者继续这项研究，他希望从广西大瑶山的调查出发，继而扩展到对南岭走廊的瑶族研究。在研究方法上，费先生提倡将"解剖麻雀"的微观调查和宏观上的类型比较法相结合。费先生强调在"解剖麻雀"的基础上，通过类型比较法将瑶族作为一个整体，形成对宏观问题，诸如迁徙问题、认同问题、民族分合问题等的研究。比如，他在多篇文章中提到的一个困惑就是广西大瑶山的瑶族认同问题：

> 在长达四五百年的时间里，说不同语言的集团，陆续进入瑶山，由于共同的利益，团结起来保卫这个山区，汉族就把他们统称为瑶族，终于形成了现代的讲不同语言、有不同服饰、在习俗上也有一定差异的，由几个集团形成的叫做瑶族的统一体。为此，我们不能简单地用语言一致的标准来进行民族识别。但我们也不能说大瑶山的瑶族不是一个民族的共同体，尽管它是由五个来源不同的集团组成，而且还讲着分属三个语支的五种语言。于是这里便产生了诸多值得在理论上进一步探讨的问题；即什么是形成一个民族的凝聚力？民族共同体意识是怎样产生的，它又是怎样起变化的？一个民族的共同体在语言、风俗习惯、经济方式等方面能承担多大的差异？为什么一个原本聚居在一起的民族能长期被分隔在不同地区而仍然保持其共同

意识，依然保持其成为一个民族共同体？一个民族怎样能在不同条件下吸收其他民族成分，不断壮大自己的共同体？又怎样会使原有的民族成分被吸收到其他民族中去？这些问题的提出将为我们今后的民族研究工作开辟出广阔的园地。[①]

　　费先生的这一连串问题，涉及瑶族研究乃至更广大区域，包括对南岭走廊民族的研究，但目前还没有很好地推进。我也试图接续费先生的研究脉络，将南岭走廊或更大的区域作为思考的背景。我用"民族"与"区域"、"中心"与"周边"、"记忆"与"认同"等多组概念进行深入思考，发现其中的普遍性与特殊性，以深化对瑶族的认知。

　　海狮的博士论文，在一定程度上延续了费孝通先生关于"解剖麻雀"和类型比较的研究主张。在我看来，他目前的这本专著，在一定程度上尝试以勉瑶为对象，试图回答费先生关于瑶族认同困惑的"民族共同体"问题。海狮认为，勉瑶的凝聚核心就是其独特的家先观念以及与之相结合的勉瑶的家及社会结构。在这个核心的影响下，勉瑶社会特有的度戒仪式、十二姓氏瑶族传说、《家先单》等文化要素，发挥了创造族群边界、形成族群认同的作用。那么，与此相承接

[①]　费孝费：《瑶山调查五十年》，见《费孝通文集》第十卷，388~389页，北京，群言出版社，1999。

的问题是，瑶族作为一个流动性极强的山地民族，与国家的互动究竟如何？

（三）"无山没有瑶"与"国家在场"

2012 年夏，我和海狮前往广东省乳源县调查。当时我们和乳源县合作，在乳源建设了一个田野调查基地。我们刚到乳源时，县民族宗教局正在举办瑶文培训班，于是我让海狮也去参加。这个瑶文培训班很有意思，名叫"世界过山瑶瑶语瑶文培训班"。其中"世界"一词至少有三层含义。第一层含义，指的是这个培训班是世界性的，即学员来自全球各地。泰国、缅甸和老挝的年轻瑶人都来参加，听说越南和美国的瑶人原来也计划来参加的，但由于政策、签证等原因未能如愿。第二层含义，指的是瑶语瑶文是世界瑶人通用的。当然这里的瑶语指的是优勉话，即瑶族人数最多、迁徙最广的一个支系的语言。在培训班上，来自世界各地的瑶人聚在一起，居然可以用优勉话进行简单交流。第三层含义，是指乳源县政府自称乳源是"世界过山瑶之乡"。20 世纪 80 年代之后，陆续有东南亚和美国瑶人前往乳源瑶山寻根。他们中的一些盘姓瑶人认定乳源瑶山的盘姓开山祖盘安山就是他们的祖先。姑且不论这种认定是否为历史事实，但至少从目前东南亚瑶人留下的文字记录以及度戒仪式等文化遗产来看，他们的祖先曾在广东瑶山停留与居住过。

这其实从一个侧面生动地反映了过山瑶具有的高度的流动性。"流动"一词牵涉出瑶族研究中的许多话题。从我这些年来在南岭瑶族村寨，以及我的学生所做的调查看，"流动性"也是认识现代瑶族社会的关键词。针对南岭的瑶族至少有几个话题可以广泛讨论。第一，瑶族生计方式的流动性。在费孝通先生倡导下，胡起望和范宏贵的《盘村瑶族》一书就以瑶族生计转型为主要内容。该书将盘村瑶族的生计定义为"游耕"，以显示瑶人耕作方式有游牧民居无定所之意。第二，物的流动。其中包括与生计相关的生产工具的流动。作为文化承载物的《家先单》和《过山榜》，显示流动迁徙是瑶人社会的重要特质。第三，瑶人在流动中与周边民族的接触与融合。其中包括各民族之间的经济与社会的往来共生（"货郎"经济、"认老庚"习俗），以及民族间的区隔、排挤与交融。

在此基础上，如何看待 "国家在场"与瑶族流动，也是海狮在书中思考的内容。瑶族从平地到山地的迁徙过程，伴随着王朝体系的扩张。这涉及斯科特（James C.Scott）关于"逃离国家"的思考。[①] 在一定时期内，南岭就是一个"赞米亚"（Zomia，东南亚高地），后来，明清两代朝廷对这

① 何海狮：《家屋与家先——粤北过山瑶的家观念与实践》，263~267 页，北京，社会科学文献出版社，2013。

片"赞米亚"兴趣渐浓，但实际上依旧无法完全控制这片区域。到了现代国家体系建立之后，这片区域完全丧失了"赞米亚"的特性，成为国家控制区域的一部分。这时，政策、政治、认同等话题又值得重新思考。

还须注意的是，根据海狮的研究，这种高度迁徙性在操优勉话的瑶人身上表现得尤其突出，而这个支系也是瑶族中人数最多的支系。现在分布在东南亚和美国等地的瑶族大多为这个支系。区域不同，这个支系的名称也不同，比如在乳源，他们被称为"板瑶""箭头瑶"或"过山瑶"，而在广西金秀大瑶山，他们被称为"盘瑶"。不过由于语言相通，他们的自称往往相同，称为"mien"。为研究之便，我们也常用"勉瑶"称呼这个支系。

对勉瑶的深入研究，有助于对整个瑶族历史的梳理。20世纪80年代初，胡起望和范宏贵在费孝通先生提出的关于开展广西大瑶山社会调查的倡议下，开始调查大瑶山瑶族五个支系中的盘瑶。当听完胡起望和范宏贵为何选点盘瑶村落为调查点的理由后，费孝通先生意识到，讲勉话的盘瑶可能是瑶族的民族基础，他们在游耕过程中，不断吸收其他民族的游散成分，构成了各地瑶族的共同体。① "勉瑶作为瑶族

---

① 费孝通：《〈盘村瑶族〉序》，见《费孝通文集》第九卷，97页，北京，群言出版社，1999。

基础"的说法给我们很多启发，对勉瑶进行多角度"解剖麻雀"式的调查研究，将能揭示更多关于瑶族变迁的细节。

（四）从家族到民族

传统上所说的中国的家族，主要是指汉族社会的家族，而作为不同民族共生的中国，家族的视角也是研究不同民族社会和文化变迁的重要切入点。对民族的研究不能离开家族这个参照系。在一定意义上，家族是社会文化延续的基础。特别是在瑶族社会中，对家族记忆和现时的社会结构的分析，对于认识瑶族社会的民族认同与村落共同体意识，具有非常重要的意义。

海狮将瑶族的家先观念及家的结构放在一起考察的方法，就是我们一直强调的将人类学研究中文化传统与社会传统相结合考察瑶族社会的方法。这在一定程度上延续和拓展了我在《家与中国社会结构》一书中的研究思路，就是将文化上的家和社会结构上的家结合起来思考汉族家族的特质。但此种思路如何体现在对少数民族社会结构的研究中呢？海狮的研究就具有这种视角，他在家族记忆、社会结构和民族认同相结合的路径上展开对瑶族家的相关研究。

比如，他从对瑶族的家先信仰的研究角度切入，继而与对社会结构的研究相联结。这与福特斯关于非洲的研究思路类似，福特斯经典的《非洲部落社会的祖先崇拜》一文认为，祖先崇拜的形成，主要是由于在社会关系结构中家的延续。因此，对祖先崇拜的研究应直接与对相关社会结构的研究相结合。[1] 海狮也试图在文化和社会结构两方面对瑶族社会进行把握。在文化上，他强调瑶族的家先观念及在其影响下形成的对度戒等仪式的信仰[2]；在社会结构上，他指出瑶族社会是以家为中心的直线谱系结构[3]。二者的结合，构成了作者提出的瑶人社会是"以夫妻为主轴的家的纵向延续理想"。作者认为，这是推动勉瑶社会运行的最核心的理念及社会结构。

事实上，在民族研究中，家族记忆、祖先传说、社会结构等是非常重要的视角。王明珂在《华夏边缘》一书中对此有过较为系统的讨论。他指出，如同家庭中父母记住子女生日、家族成员记得开创祖一样，一个族群也需要强调其共同的起源，并且经常以共同的仪式定期或不定期地强化这些集体记忆，甚至建立永久性的纪念物来维持集体记忆。[4] 而家

① Fortes, "Some Reflections on Ancestor Worship in Africa," in *African System of Thonght: Studies Presented and Discussed at the Third International African Seminar in Salisbury, December 1960*, eds. Fortes & Dieterlen, Oxford, Oxford University Press, 1960, pp.122-142.
② 何海狮：《家屋与家先——粤北过山瑶的家观念与实践》，201~242 页，北京，社会科学文献出版社，2013。
③ 同上书，185~200 页。
④ 王明珂：《华夏边缘：历史记忆与族群认同》，57 页，台北，台湾允晨文化实业股份有限公司，1997。

族记忆是集体记忆的重要基础，由此可进一步讨论族群和民族的认同。

海狮的研究表明，勉瑶的民族认同，与他们特有的"家""族"特质直接相关。纵向延续的"家"的理念，是实践中形成的瑶族认同的社会结构的基础，而由此形成的十二姓氏的"族"的传说与仪式信仰，则构成瑶族认同的重要文化基础。① 表面上是源于并借鉴于汉族的"家族"文化，经过瑶人的转变，发酵为瑶人民族自我认同的文化基石。从这个角度看，何海狮的研究再次回应了费孝通先生关于"民族共同体"之问。

最后，我想强调的是，对瑶族的跨界研究，也是对我国华南和西南地区，以及对东南亚各国整体性区域研究的重要载体。希望今后海狮能从跨界瑶族的角度，进一步深入对我国西南地区与东南亚各国的跨国研究，这也是费孝通先生早在 20 世纪 90 年代初提出的开展"南方丝绸之路"研究的重要组成部分。期待着海狮今后的研究能迈出国门，以全球视角进一步拓展瑶族研究的新领域。

---

① 何海狮：《家屋与家先——粤北过山瑶的家观念与实践》，259 页，北京，社会科学文献出版社，2013。

◎ 游牧的知识体系与可持续发展 [*]

  我对游牧社会历史与现实的研究,兴趣源于大学本科。在学考古学的过程中,当时西北大学开设了很多民族历史和世界历史的课程,我的硕士论文主要研究土默特蒙古族从游牧到农耕的转变过程。来北京大学读博士期间,我最先的研究就是"草原生态与人文因素"。尽管后来由于出国,博士论文换了题目,但对游牧社会的研究兴趣一直没减。我指导的博士和硕士论文,有相当一部分是围绕着游牧和生态等展开田野调查和研究的,区域涉及内蒙古从东部到西部、四川和西藏以及新疆。陈祥军的博士论文就是

---

* 本文为陈祥军《阿尔泰山游牧者:生态环境与本土知识》(北京,社会科学文献出版社,2017)书序。

游牧社会人类学研究中的重要代表之作。游牧社会的人类学研究，是研究中华文明历史进程和现实关怀的重要组成部分。

中华文明是中华民族多元一体格局下多民族文明的总和，其中有两条主线一直贯穿中华文明的整个发展历程。其一是在农业生态背景下建构发展起来的，以儒家文化为主体的中原农耕文明，其二则是北方各游牧民族基于草原生态所形成的游牧文明。农耕文明对于中国传统文化之意义毋庸多议，但有关游牧文明的探讨则多限于将其理解为中国传统文化的边缘，甚至将其与农耕文明对立。这种观点有悖于多元一体理论所展现的中华文明多样性的实质。

游牧文化是依托于草原生态系统所形成的独特的、适应这一自然生态系统的文化模式，它与中原农耕文化的结构性差异，使得我们不能简单地以农耕文化的视角和观念去评判其文化优劣和价值。游牧文化的所依托"生态"和所建构"人文"，两者间有其内在的逻辑联系，需要综合进行系统考量才能真正理解游牧文化。出于对当前草原生态问题的理解和应对，草原生态保护的热议也就自然而然了。但由于对草原人文生态及其价值的忽视和不理解，在具体的保护实践中出现了诸多问题，如借生态保护之名进行的集中化安置、围封转移、大规模禁牧等措施对牧民的影响，不仅仅是单纯迫于压力的生计转型。与传统牧业生计的脱离和集中化居住（进城）使得他们离开了"有根的"草原，进入一种新的"无根的"社会生态之中。由此引发的一系列文化社会失衡案例，其背后包含着传统草原人文价值的缺失。失去草原的牧民不仅失去了生计家园，其对草原的认知变迁和人文精神变迁，也昭示着他们对自身精神家园的远离。

中华人民共和国成立至20世纪末，草原生态失衡出现并不断恶化。我在20多年前调查锡林郭勒盟的草原生态时就发现，很多自然科学的研究主要关注畜—草矛盾，草原载畜量过大成为草原生态被破坏的主要原因。我经过调查发现，草畜矛盾仅仅是一部分因素，很重要的因素来自政策和人的行为。我在当时的"草原生态与人文因素"论文的结尾，提出草原生态的保护和可持续发展，要关注"人—畜—草"三者之间的平衡，并结合费孝通先生的研究，提出草原生态的平衡，是建立在自然生态、人文生态、人类心态三态统一的基础之上的。在今天快速集约化的过程中，牧区在社会各个层面都显现出很多问题，尤其是生态环境问题。因此，重新思考草原人文—生态平衡性原理，重新认知人—畜—草这一传统生态格局的价值，应当成为我们当前牧区和游牧文化研究的重点。

文化发展和经济社会发展必须保持同步。文化发展的重要内容便是草原人文精神的重建，而对游牧文化价值的认识和肯定则是重建的基础。但在今天草原人文精神的重建却面临着很大挑战。

（一）

我的硕士论文就讨论到，游牧是人类对自身生存环境的一种精巧利用与适应，因此，在世界范围内，处于各种不同纬度、地形与植被环境的游牧各有其特点。也因此，这种游牧文化的多样性是民族学与人类学游牧研究的重点之一。在广阔的欧亚大草原上，游牧一直主导着这一区域在社会、经济、文化、宗教等方面的历史发展进程。游牧社会的人类学研究，是生态人类学研究的重中之重。

生态人类学的研究最早可以追溯到 20 世纪初法国人类学家马塞尔·莫斯（Marcel Mauss）对因纽特人的研究。因纽特人生活在北极地区，根据民族志的调查资料，莫斯认为，因纽特人受环境因素的制约，他们的社会生活可以分为冬季社会集中期和夏季社会分散期。[1] 莫斯指出，因纽特人的宗教、道德的表现形式及其需求的不同层次等，与这种分散和集中的社会集团原理相对应。普里查德（E. E. Evans-Prichard）在尼罗河流

---

[1] 参见 [法] 马塞尔·莫斯：《人类学与社会学五讲》，林宗锦译，桂林，广西师范大学出版社，2008。

域对努尔人进行研究。^①他在调查中发现，尼罗河流域农牧兼营的努尔人在雨季时分散在一定的区域里，而到旱季就集中到河流附近，这样的活动方式与他们的政治制度、社会结构（宗族组织）有着密切的关系。马塞尔·莫斯对因纽特人的研究和普里查德对努尔人的研究被视为人类学早期生态和人类学文化之间的互动关系的研究典型。

20世纪90年代以后，生态人类学呈现两种理论倾向：一是反对极端的文化相对论；二是批判现代主义割裂自然与文化的二分法。生态人类学的发展态势是由环境向文化发展，由主要以生计方式为研究对象向综合研究发展。

詹姆斯·斯科特从政治人类学的角度，在《国家的视角：那些试图改善人类状况的项目是如何失败的》一书中提出，游牧民和放牧人（如柏柏尔人和贝督因人）、狩猎者和采集者、吉卜赛人、流浪汉、无家可归者、巡游的工匠、逃跑的奴隶、农奴，往往被国家看作眼中钉。将这些流动的人口定居下来（定居化）往往成为长期的国家项目——之所以是长期的，部分原因也在于这些项目很少有成功的。^②

在生态人类学看来，生态环境的问题并非某个民族自身

---

① 参见［英］埃文斯 - 普里查德：《努尔人：对一个尼罗特人群生活方式和政治制度的描述》，褚建芳译，北京，商务印书馆，2017。

② ［美］詹姆斯·斯科特：《国家的视角：那些试图改善人类状况的项目是如何失败的·导言》，王晓毅译，1页，北京，社会科学文献出版社，2004。

的社会文化变迁使然，而是现代全球体系中政治、经济、社会、文化、历史等多种因素共同作用的表现。在此背景下，如何讨论中国的游牧社会的人类学问题呢？祥军博士的研究，就是在此基础上，通过长时间的田野调查，结合新疆的整体的人类学调查和研究，来进入自己的学术之路的。

（二）

在对新疆的研究方面，游牧社会是很重要的内容，但长期以来较为忽视。新疆游牧社会的研究具有历史复杂、地理多样与文化多元的特点。历史上，新疆草原地处欧亚大陆腹地，是我国很多北方游牧民族你来我往、我来你去的地方，也是民族交融、多样性的民族文化的交汇之地。在地理上，新疆的游牧区域呈典型的垂直地貌特征：雪山、森林、河谷、草原、荒漠、戈壁、沙漠。游牧民以阿尔泰山为基点，向东可以进入蒙古高原，向西进入哈萨克大草原可直达里海，向南穿越准噶尔盆地可到达天山山脉，向北经过南西伯利亚便是南俄草原。文化上更是多元，历史上草原上的游牧民信仰过不同的宗教，至今还留有很多文化遗存。

国内有关游牧的人类学研究起步较晚。中华人民共和国成立初期，中国少数民族社会历史调查所积累的材料，为后来研究者积累了丰富的民族志资料基础。中华人民共和国成立之初，就有谷苞、杨廷瑞等一批随军进疆的学者开始关注和研究新疆牧区社会。谷苞先生 1949 年后历任中国科学院新疆分院副院长、新疆民族研究所所长、新疆社会科学院院长等，其足迹遍及天山南北、塔里木河两岸，他主持编写了《新疆牧区社会》。杨廷瑞先生（陈祥军博士编有《杨廷瑞"游牧论"文集》）常年扎根牧区，每年几乎都在草原上待半年之久。在今天看来，那一代牧区研究者首开新疆人类学、民族学调查的先河。这些研究建立在数十年基层深入调查的基础之上，并为后来研究者留下了一批珍贵的资料和丰富的新疆牧区社会研究经验。尤其是完成于 1991 年的杨廷瑞《游牧论》一书更是预见性地回答了"游牧经济为什么能够一直延续、保存到现代社会呢？这主要决定于游牧地区的自然条件和经济条件。当然，传统的游牧生活习俗也是一个重要因素"。他较早意识到牧民定居、草畜承包将会给牧区社会及草原生态带来不利后果，呼吁善待游牧，善待游牧民。

20 世纪 80 年代中国人类学学科恢复后，有关游牧社会的研究才又逐渐开展起来。有关新疆游牧社会的研究主要集中在阿尔泰山和天山一带，尤以阿尔泰山游牧社会的研究较多，研究对象主要是哈萨克族。其中有代表性的是新疆师范大学崔延虎教授持续多年在新疆阿勒泰汗德尕特乡的研究个案。1992 年至 1994 年，崔延虎还参与了由剑桥大学蒙古与内亚研究中心凯若琳·汉弗瑞（Caroline Humphery）和戴维·斯尼斯（David Sneath）组织的"内亚环境与文化保护"的国际合作研究课题。他长期关注哈萨克牧区社会的草原生态、本土知识、生计方式、牧区政策及文化变迁等。近年来，他又从政治生态学视角探讨干旱草原区的外来生计系统（近代工业生计系统和农耕生计系统）对传统游牧生计系统的冲击，试图用生态扩张主义的概念来解释游牧生计与草原生态变化的原因。

近年来，在建设"一带一路"的背景下，作为曾经草原丝绸之路必经之地的阿尔泰山日益受到国内外人类学学界的关注。历史上，草原丝绸之路在沟通中外文化交流的过程中曾起到了很特殊的作用。由于阿尔泰山自然生态和游牧生产方式之间天然的相适性，阿尔泰山成为古代欧亚草原大通道的重要一环，也是沟通漠南漠北草原与西域绿洲、中亚草原之间的枢纽。然而，近代以来，牧区社会不断受到工业化、现代化及城市化的冲击，游牧文化与草原生态都在不断发生巨变。费孝通先生很早就敏锐地意识到这一点，并率先提出"边区开发"的思路，同时指出边区开发一定要保持自然生态和人文生态的平衡，不能只盯着自然资源，还要兼顾智力资源的开发、地方族群的参与及利润的回馈。近年来，崔延虎在对阿尔泰草原地区长期调查和研究的基础上提出，无序的自然资源开发对当地牧民、生态环境造成了巨大的影响。改革开放以来，尤其是进入 21 世纪以来，中国牧区也经历了"高铁"般的发展速度，但在这高速发展的背后，牧区社会积累了很多亟待解决或不得不面对的深层次问题，尤其是草原生态环境的变化最为明显。但关于这一区域的近年生态人类学方面的民族志作品，并不多见。

祥军的博士论文《阿尔泰山游牧者：生态环境与本土知识》，正是在新疆阿尔泰山牧区近十年田野调查基础上完成的一部游牧民族志。祥军博士从小在新疆一个多民族社区长大，有着丰富的地方经验知识，曾在新疆师范大学跟随崔延虎教授攻读民族学专业，硕士研究生期间（2004—2007年），就在该区域做了长时间有关野马的生态人类学研究，从跨学科视角探讨了濒危物种恢复和保护的问题。这项研究为中国其他濒危物种的恢复和保护提供了个案基础，揭示了其中不可避免出现的社会文化与生态环境相互胶着的事实。在中山大学人类学系随我读博士期间，他又认真接受了人类学的学科训练，并就这方面国际国内的人类学文献，做了很好的梳理。当时，我就希望他能从游牧的知识体系出发来讨论问题。我对游牧文化的传统生态观的关注，理由有三：第一，一个民族的生态观直接反映了这一民族对于其所处自然生态环境的认识和理解，并体现其建构和管理人与自然关系格局的方式和内容。第二，它是草原生态变迁的一个重要观察点。游牧民族生态观受到了外在生态环境变化的影响，一旦生态观发生变化，也会对外在的生态环境产生影响。研究和观察游牧民族生态观的发展与变化，不但可以了解当代的草原生态变迁，也会对现实存在的生态环境变迁产生影响。第三，生态观的变迁背后除了自然生态变迁的因素，还包括社会生态环境的变化和民族间互动关系的影响。

游牧民族的生活方式与生态环境有着直接的关系，因而其生态环境保护意识与其生存的环境有着密切的关系，可以说是生存的环境需要造就了他们的环境保护意识。与此同时，因为草原公有的特性，"约法"成为必要的举措，这不仅对牧民生活有利，也对整个游牧集团的生存有着基础性的作用。

游牧民族的环境保护意识，体现于前文讨论的游牧民族生态观之中。游牧民族在长期的游牧生产和生活中，形成了符合游牧文明的生态环保思想意识，如人与自然协调平衡的发展观，对动植物有恻隐之心的生态伦理观，认为自然资源或自然要素是无比珍贵的价值观。[1] 这些观念是在宗教信仰、法律制度、生产生活方式等多方面体现出来的，具有独特的地域色彩和民族特色，是游牧文明的重要内容。[2] 这些在漫长的生产生活实践中所形成的生态环境保护思想和理念，尽管有些还不够系统规范，但足以说明他们并不是北方草原环境恶

---

① 王孔敬、佟宝山：《论古代蒙古族的生态环境保护》，载《贵州民族研究》，2006（1）。

② 宝贵贞：《蒙古族传统环保习俗与生态意识》，载《黑龙江民族丛刊》，2002（1）。

化的责任者，而是自己祖祖辈辈生存的生态环境的保护者。^①如何充分借鉴和利用这些环境保护意识，服务于当前的草原生态保护实践，乃是我们需要进一步关注的课题。

对于草原游牧文化和生态的可持续协调发展，每一个方面都不可或缺。因此相关政策措施的制定，应依托于对游牧文化本质深刻理解的基础之上，才不至于产生本末倒置或是适得其反的改革效果。

祥军的博士论文，也是在呼应游牧知识体系的特质和知识的生产过程。现在给读者呈现的著作，就是在博士论文的基础上，经过后续的调查和文献的梳理得以完成的。本书立足于新疆阿尔山哈萨克牧区社会，以草原生态和牧区发展为背景，围绕着"游牧民、草原、牲畜"系统性地研究了游牧知识，主要探讨了这套游牧知识体系在生成、变化过程中与草原生态的互动关系。

（三）

当前国内有关哈萨克的研究，以人类学长期田野为基础的个案还比较少，尤其对其游牧知识进行系统研究的个案就

---

① 许宪隆：《北方草原民族传统文化与生态环境保护》，载《中南民族学院学报（哲学社会科学版）》，1997（2）。

更为鲜见。从"本土知识"的视角研究一个游牧族群的社会、生态、发展及他们的观念世界，在这方面的研究也尚不多见，特别是在汉语言文献中，这样系统而专门的研究具有一定的创新意义。在研究方法上，除了传统的人类学方法外，祥军博士还采取了以"本地人访谈本地人"的方法获取访谈资料。通过这种方法，既能更为准确地了解和把握本地人的真实想法，又可增强论文中材料的可信度。理论上，以哈萨克游牧社会为例，把"知识、生态、发展"结合起来进行研究，为知识的人类学理论提供了一个民族志个案。

全书以整个草原生态环境及其变化为背景展开论述，较为全面地探讨了哈萨克游牧知识，探讨了游牧知识与草原生态的关系。祥军博士认为，哈萨克族在长期的生产实践中，在与草原和牲畜的互动中，形成了一套调节三者关系的平衡机制，产生了一套放牧牲畜、利用草原、规约和管理游牧社会的知识，以及对待草原的态度与规范。正是这种大范围有规律的移动，牧民才得以适应"脆弱的""多变的"和"不确定的"干旱区环境。这种适应机制是牧民基于数千年对草原环境的经验观察和积累。由此，哈萨克游牧社会以草原环境为基础形成了一整套文化知识体系，游牧民对草原生态环境有着高度的依赖性。所以，这套本土知识体系对于维持草原生态系统的平衡起着重要作用。

祥军博士还告诉我们，游牧并不是漫无目的的游荡，它有自己的一套缜密的组织管理知识。游牧的组织管理知识是以游牧民对草原和牲畜的认识为基础，并运用一套规则来进行水草资源的分配、个体劳动的分工以及组织游牧生产的全过程。整个游牧过程包括很多复杂烦琐的工作。游牧的时空变化特点又要求游牧的管理者具有灵活处理各种事件的权力和能力。基于当地干旱区草原环境的多变性特点，为了减少来自外部各种不确定性事件的威胁，组织管理好游牧生产尤为重要。游牧社会组织担负了此重任并发挥了重要作用。游牧知识正是通过游牧社会组织进行传承与创造，维系游牧社会发展至今。但传统游牧知识在强大外力作用下，传承机制出现了断裂，而新建立的生产组织及其背后的知识体系或文化与原有的游牧生态环境是背离的。这种脱离了当地草原环境、游牧生产及游牧知识等实践基础的管理理念成为如今引起草原生态和人文生态失衡的一个重要因素。本书还初步讨论了在市场经济背景下，这种追求"开发牧草资源"的经济发展理念，引起了原有牧区社会生态系统中"人—草—畜"关系的分离，同时其在开发过程中忽视了当地自然环境特点及其与本土知识的互动关系，牧区社会的自然生态和本土知识体系非但没有接受这种"发展"理念的能力，更失去了制衡或约束破坏草原生态行为的力量。

本书在游牧知识研究方面达到国内外领先水平，在哈萨克游牧民研究方面取得了突破性成果，因而具有很高的学术价值。祥军博士的研究最为重要的创新之处在于，能够从一种极为地方性的游牧知识与生态环境的关系之中寻找到一种解释，这种解释为游牧社会的研究提出了一个新的有待于挖掘的知识空间。在这个意义上，文化不仅是"物"的遗存，还是各种知识，人们通过掌握和实践这些知识才得以把文化代代传递下去。所以，草原生态的本底特征决定了区域文化发展的基点，游牧生计作为草原环境的最佳适应方式，需要重新挖掘其生态适应价值。在现代条件下辅以必需的技术和制度改良，建构新的草原文化—生态协调发展格局。这实际上回应了一个人类学上的基本概念，就是在我们今天所强调的人、社会、经济、文化、自然这样一个复合体的系统里，如何来重新思考生态人类学中的一个基本理论：人与环境的关系。今天的牧区社会中的人与环境都发生了变化，不管用何种方式来重新协调这种关系，都要建立在本民族文化传统的基础上。

然而很多学者在描述环境变化时，常常忽略文化传统的因素。特别是在公有资源的利用中所出现的生态问题，如草原退化的问题，常常用"公有地悲剧"理论进行解释。1968年，美国经济学家 G. 哈丁（G.Hardin）提出"公有地悲剧"（The Tragedy of the Commons），即"公用权悲剧"概念，地球资源被看作是公共财产。这里的公共拥有，实际上不存在任何所有权，而只表现为公用权，所有社会公民都可以随意利用它。哈丁把这种公共财产比作公有草地，谁都可以在草地上放牧，每一位牧民为了从放牧中取得更多的好处，按照费用最少、效益最大的原则，总是力图增加畜群的数量，但是谁也不进行草地建设的投资。这样，随着畜群的增加，草原的质量急剧下降，最后草场完全退化，不能再放牧牛羊。这就是草地公用权的悲剧。[①] 在此，每个人追求最大的个人利益，最后的结果是不可避免地导致所有人的利益的毁灭。这一解释事实上是纯粹的经济学中的利益最大化的观点，而忽略了不同的民族、社会、文化对公有资源的利用之不同。不过，G.哈丁提出"公有地悲剧"理论，不用说在一定的范围和时间中，是非常有效的。例如，即使在完全是少数民族生存的地方，货币经济的刺激，也带来了对资源的破坏和掠夺。特别是一些从不同生态文化区迁入的移民等，对资源的利用与当地的社会文化传统有着本质上的不同，加之一些移民对当地资源缺乏"家园"的概念，以及经济利益的驱动，导致了"公有地悲剧"。

本书的很多研究既有现实意义，又有学术意义。目前学者们从人类学视角，对生态环境与本土知识的关系进行系统研究和深入分析的还不是很多。祥军博士以中国整体发展的

[①] G. Hardin, "The Tragedy of the Commons，" *Science*, vol.162, 1968, pp.1243-1248。

时空为背景，结合发展的人类学理论对游牧社会的生态环境和游牧知识体系的变化过程及原因进行个案研究。祥军博士认为，一直以来涉及生态环境和本土知识的人类学理论，主要建构在西方学者对非西方国家或发展中国家研究的个案基础之上，而本书以一个人类学者的眼光反思发展，为发展的人类学提供了一个新视角。本书从跨学科视角，以人类学田野实践为基础，沿着草原生态、游牧知识体系到发展的思路，对草原生态退化的深层次原因进行了有意义的探讨，并厘清了草原生态、游牧知识体系与发展之间的关系，为政策制定者分析草原生态退化原因及治理草原退化提供了理论依据。

我一直告诉同学们，田野调查是一个真正的人类学、民族学工作者必须要经历的成年仪式。祥军博士的研究成果就是建立在长时间扎实的田野调查基础上。祥军背着睡袋、帐篷，骑着马与哈萨克牧民在各牧场之间迁徙，其经历一直在我头脑里萦绕。以这种科学扎实的田野精神，来从事今后的新的研究领域，一定会取得更优秀的成果。

（2017 年 8 月 26 日于中央民族大学）

◎ 游牧民族的社会转型与草原生态 *

张昆在硕士研究生阶段就对内蒙古锡林郭勒草原开展了田野调查，在此基础上，写作了题为《蒙古族古代生态文化的现代价值研究》的硕士论文，并获评内蒙古自治区优秀硕士学位论文及内蒙古师范大学优秀硕士学位论文，她的前期研究积累为博士论文的写作奠定了扎实的人类学文献和个案基础。后来，她于2011年9月来到中山大学人类学系跟随我攻读博士学位，又认真接受了中山大学系统的人类学学科训练，对草原生态和社会变迁的国际国内人类学文献，做了很好的梳理。在她入学前，我和她的硕士生导师乌日陶克套

* 本文为张昆《根在草原：东乌珠穆沁旗定居牧民的生计选择与草原情结》（北京，社会科学文献出版社，2018）书序。

胡教授，带着她在当地草原部门工作人员的陪同下，来到锡林郭勒盟的东、西乌珠穆沁旗草原踩点和开展调查。我之前的草原生态研究主要集中在农牧关系、草原知识体系、草原文化生态等领域，很少涉及工业与草原关系的问题。但进入21世纪以来特别是2005年之后，这一问题日渐凸显，草原生态的核心问题也由传统的农牧关系转变为工牧关系。

我清楚地记得，2004年9月10日17：30，中国社科院的朝戈金教授和我（当时在北京大学工作）作为嘉宾，第一次在央视国际网络频道与网民对话。当时的在线对话主题是"北方草原的自然生态与文化生态"。网络主持人让我做个开场白，我是这样说的：非常感谢各位网友对草原生态给予很大的关心和热情，希望我们在一个比较宽松愉快的环境里面进行讨论。草原生态和文化生态之间的关系，是一个由来已久的课题，在原来的生态研究里面主要是自然科学的研究领域，社会科学和文化研究介入得比较少，但作为生态系统来说，人、文化、社会是一个完整的体系，是一个非常宏观的生态体系，所以人的行为、文化理念、社会结构，甚至政策因素、管理体制等都会对生态造成很大的影响。事实上在中国社会，草原的生态和农耕的生态之间往往有一种共生共荣的关系，这种关系也是构成中国多民族社会协调稳定发展的重要基础。开场白一完，一网友（名为"光影斑驳"）的问题很直接。他问我：造成草场退化的最主要原因是什么？

我回答：造成草场退化的原因有很多方面，关于自然的原因先放到一边，这让自然科学家来进一步回答。实际上在中国，草场的退化是个非常漫长的历史过程。在历史时期，游牧的文化体系和农耕的文化体系之间是一种此消彼长的过程，在这个过程里面会涉及具体的人的流动、文化的互动等一系列因素。比如，历史上很多次游牧民族南下中原，往往和当地的自然灾害、生态环境的破坏有一定的关系，虽然不是决定性因素，但也有直接的关系。

这是一个大的历史背景。其实在这样的过程里面，我们知道作为农耕的汉族在比较早的时期就进入了草原地区，因为汉人的文化传统、生产习惯是一种农耕的文化，这种农耕的文化载体——汉族进入游牧地区之后，往往以自身原有的生产方式对草原进行开发，特别是清代中末叶山西、河北、山东等地的汉族农民由于受当时经济等条件的限制，很多移民背井离乡进入北方草原地区，这在某种意义上是一种对草原生态的开发过程，这种过程一直持续了很长时间。到了清朝末年，特别是 1896 年之后，这种移民就像一股强劲的潮流一样涌入北方草原地区。比如，内蒙古中部、西部以及东部地区很多草场的开发，特别是大面积草场的开发，是和这种移民联系在一起的，经过一个世纪左右，很多地方的草原已经变成农田，出现了半农半牧，甚至是全农的场景，有的地方如土默特地区的蒙古族甚至逐渐转变为从事农耕的农民。

　　1949 年以后，从政策、社会文化等角度来看，不同时期的政策也导致了草场的不断退化。第一，"文化大革命"时期，受"农业学大寨"的影响，在草原地区开发了很多农田，这样的农田因为自然植被非常脆弱，很快产量锐减，每亩地的收成可能只有 50 多斤，过几年之后被开垦的农田又被撂荒，撂荒的土地渐渐沙化，局部地区出现了沙漠化现象。第二，人口的压力。很多草原地区从 20 世纪 50 年代以后建立了牧场，对草原进行全方位的开发。比如，内蒙古锡林郭勒盟白音锡勒牧场的开发过程就是一个典型的案例。第三，草原的主人自身对草原的过度开发。比如载畜量的问题，特别是在承包责任制之后，追求牲畜的数量成为很多人的目标，由此给草原造成了非常大的压力，最终导致草原退化。比如，游牧半径离水源区越近的地方破坏就越严重。第四，定居的问题，定居导致原有的纯粹游牧的生产方式在一定程度上改变了固有的结构，这种改变使得居住区越来越大，导致居住区周围草原生态破坏严重，特别是牧民新村等区域，因完全改变了原有的居住方式，原有的游牧传统受到了挑战。

　　当时的讨论还没有考虑到工业资本和草原生态的关系，至少在那之前草原受工业资本的影响并不是很大。但是之后的草原发生了剧烈的变化，工业资本的力量相当强大，内蒙古草原从东到西不同程度都受到了工矿业开发的影响，工业和草原的关系越来越成为讨论草原的焦点。

（一）

2011 年 8 月的这次调查，我是带着"工业下牧"的思想开展调查研究的，希望探讨工业等现代资本进入牧区之后对游牧社会造成的影响。在我们去之前，张昆已经在西乌珠穆沁旗独自调查 20 多天了，随后又跟随我们来到东乌珠穆沁旗。有别于同样是北国草原却有着浓重开放和工业特征的西乌珠穆沁旗，东乌珠穆沁旗的草原更加保持着游牧民族应有的草原风貌和传统气息。东乌珠穆沁旗位于锡林郭勒草原腹地，包括草甸草原和典型草原两种植被类型，牧草的高度、盖度及草质都较为优越。可以说，这里是内蒙古境内草原植被和游牧生计方式保存较为原生态的纯牧业旗，2009 年又被列为"内蒙古游牧文化生态保护区"。特殊的地理位置、草原环境及游牧生计方式，使当地至今仍保留着较为原生态的游牧文化，如乌珠穆沁长调、祝赞词以及马头琴、蒙古袍制作技艺等，其中乌珠穆沁长调已被列为世界级非物质文化遗产名录，因此东乌珠穆沁旗素有"长调之乡"的称号。

自 20 世纪 80 年代开始，当地牧区社会就被卷入工业化、市场化的浪潮中，从游牧到定居、再定居，从牲畜作价归户到草场承包到户，再到今天的牧区振兴和牧业现代化，草原生态环境受到影响的同时，牧民的生活从世代逐水草而居的游牧生计逐渐实现了定居放牧，就像我们在田野中看到的打草机、搂草机及由太阳能带动的"游牧房车"等先进的牧业机械，越来越多地出现在牧业生产中，他们的生计生活经历了一个快速变迁转型的历史进程。当时我就和张昆说，在这里调查要关注较少受到外界影响的纯牧业社区如何受到外力因素的推动发生变迁，这种变迁如何影响生活在这里的牧民，而牧民又通过怎样的方式来适应和应对这种变迁，背后是否存在一种深层的文化机制。特别是要关注游牧、定居、工业资本、市场、社会组织等之间的相互关系。

（二）

我在 1992 年开始到锡林郭勒盟做关于草原生态和人文因素的调查，对游牧社会的人类学产生了浓厚的兴趣。从人类发展的历程来看，游牧是人类社会的重要组成部分，今天游牧人口占世界人口的比例已经小于 1%，并且正经受着现代化、城镇化等因素的冲击，很多牧民逐渐放弃了原有的生活方式，走向定居，但定居之后又对他们草原的生活方式依依不舍，内心充满着焦虑。张昆博士的研究正是对世代生活在草原上的游牧民定居之后，内心充满深厚的草原情结和对草原依恋情感的表达和书写。

　　早在 20 世纪 80 年代初期，很多游牧民就在政府草场政策的改革下逐渐定居下来。随着定居化工程在内蒙古牧区的广泛推行，定居给游牧社会造成的影响日渐明显，不仅表现在生态环境方面，而且还对其世代从事的游牧生计方式、生活方式及思想观念等方面产生了重要影响。对于这方面的思考，费孝通先生在 20 世纪 50 年代就对呼伦贝尔草原进行过调查，从 1984 年开始，又对中国西部、北部草原边区进行了考察研究。费先生先后从黑龙江到内蒙古，再到宁夏、甘肃及青海民族地区，对当地的农林牧业进行了全面的考察，分析了牧民定居带来的环境问题，并总结了这些地区的生计发展模式，认为定居及其汉族移民的进入是导致草原生态失衡、经济结构和生产生活发生变迁的主要原因。由此，他将环境问题的解决之道诉诸以城市化和工业化为特征的现代化畜牧业。这一解决之道在 34 年后的今天正出现在张昆的田野点——东乌珠穆沁旗。调查中，我们在这里看到了机械化牧业合作社、草业协会、乌珠穆沁种公羊协会等现代化畜牧业生计方式正在实践。

　　内蒙古草原是连接"草原丝绸之路"及"中蒙俄经济走廊"的重要通道，也是古代连接中原和外蒙古旅蒙商道的重要枢纽。草原东西直线距离 2 400 公里，南北跨度 1 700 公里，草原总面积 8 800 万公顷，约占全国草场面积的 1/4；区域广、跨度大，植被类型多样，牧业生计典型，传统生态文化保留较完整，在我国草原生态系统和牧区发展中有其典型性和代表性。从牧业移动规律来讲，游牧方式分为水平放牧和垂直放牧两种类型，如同中亚、中东、南美洲及阿拉伯半岛上生活的牧民一样，内蒙古草原依托独特的平原草原以水平放牧方式为主，正是这样一种地理特征及放牧方式，一些学者将其看作更加适合定居的放牧类型。日本北海道大学的七户长生曾指出，定居比较适用于水平放牧的地区，但对于垂直放牧的地方就很难适用。在内蒙古，牧民定居之所以进展快，就是因为那里的草地资源可以水平利用，比较容易进行地域的划分，而新疆的资源只能垂直利用，受其制约，地域的划分非常困难。[①]因而伴随着草场承包到户政策的推进，定居工程在内蒙古牧区如火如荼地开展起来。

由此，对内蒙古游牧民定居问题的关注日益成为经济学、社会学、人类学及民族学等多学科研究的焦点，但关注的重点各有不同。经济学等学科擅长从宏观把握现象的发展脉络及整体状况，而人类学、民族学则注重从实地实景出发，以微观视角关注其小地方的表现特征及研究群体

---

① ［日］七户长生：《中国发展畜牧业的基础条件——游牧的特性与自然的制约》，见［日］七户长生、丁泽霁等：《干旱·游牧·草原——中国干旱地区草原畜牧经营》，12 页，北京，农业出版社，1994。

的内心世界，从而便于更加深入地挖掘社会变迁的本质。在 20 世纪 80 年代初期内蒙古游牧民定居之初，学者们首先关注的是进入草原的汉族移民在草原上定居之后，对牧民生计方式造成的影响。

这也是我当时关注的问题。我对内蒙古草原的研究，除了突破忽视外力因素的思路，还对定居与牧民生计及生态环境三者之间的互动关系，以及本土知识对当地环境、生计的重要性做了考察研究。事实上，早在 20 世纪 90 年代，我就开始关注草原游牧民的生存状态与环境之间的关系了。在锡林郭勒盟白音锡勒牧场所做的调查，指出了牧民生计及环境发生变化的原因，是几十年来的政策导向所致。例如，人民公社时期的农垦、"文革"时期的集中建队以及后来的牧业体制改革等，都是以定居多少作为衡量牧区发展的重要指标。这就导致牧民在放牧技术方面发生了改变，甚至在水源利用方面也开始从"公的水"转变为"私的水"，再加上移民等诸多因素综合导致了草原生态的不断恶化。在此基础上，我对牧区分阶段实现定居的历程进行了划分，即 20 世纪 50—60 年代的比较分散时期、60—70 年代的相对集中时期及 80 年代家庭承包责任制之后的集中分散时期。[①] 随着定居的深入，牧民的居住格局也由

① 麻国庆：《人文因素与草原生态的关系——内蒙古锡盟白音锡勒牧场的研究》，见《内蒙古生态与环境的社会人类学研究》，120 页，未刊稿，2011。

最初的沿袭传统、因地势而建转变为套用农区做法集中修建，直到后来的一家一户流动放牧，即在集中居住的前提下分散放牧的方式。

我在相关的研究中也考虑到，在政策决策过程中如何重视民族传统文化的作用，并寻求传统知识体系与现代科学的最佳结合点，才能在定居过程中，逐渐实现环境、生计与人文三者之间的协调统一。最终强调作为政策接受主体的游牧民并不是被动的接受者，而是具有主动性和主体性的民族群体。由此我也希望张昆更多地思考牧民在定居到再定居过程中的生计选择是否也具有主动性和主体性的调适特征。这一思路也是费孝通先生晚年所强调的文化的主体性和社会性的问题。因此张昆博士的研究可以看作是对费先生和我的草原学术思想的延续和传承。

我的另一位博士陈祥军对新疆哈萨克牧区开展了长期的田野研究，当时我希望他多关注哈萨克牧民生态环境与本土知识的关系。而张昆的研究是在草原生态、地方政策、社会发展的现实条件基础上，探究牧民怎样以其自身的"文化根基"努力维系游牧生计和地方传统文化的主动性和主体性，在剧烈的社会转型和变迁背后存在着一种深层的文化机制在起作用，而他们经历了一个不断选择及情感纠结的调适过程。虽关注重点不同，但他们的研究可谓是对中国西北部草原和东北部草原区域研究个案的相互补充。

（三）

在多次讨论的基础上，张昆的博士论文题目定为"蒙古族定居牧民的生计选择与草原情结——以东乌珠穆沁旗调查为例"。她分别于 2011 年 8 月和 2012 年 8 月—2013 年 9 月，先后两个阶段对该旗的草原生态、牧业生计和社会发展进行了一年多的田野调查，同时在和牧民频繁接触的一线单位东乌珠穆沁旗农牧业局挂职锻炼了一年。可以说，身份的多重性、调查地点的多样性，以及作为政府工作人员、研究者和研究对象点和面结合的有效性，为她在全旗范围内开展"由点及面"的多点研究，提供了较为有利的条件及多重观察的视角。传统的人类学研究方法，多半是运用田野调查方法开展一项微型研究，但研究视角也会因此受到小社区资料细节的困扰，忽视整体性的研究。

费先生曾对人类学调查方法进行了较为深刻的反思。在与埃德蒙·利奇（Edmund Leech）的对话中，他认为过去的人类学民族志方法是不充分的，应采用部分与整体、类型与层次相结合的研究方法接近整体，去解释中国文明体系内部的多元一体格局。[①] 他也在多次讲话中提到"部分与整体、

---

① 费孝通：《百年中国社会变迁与全球化过程中的"文化自觉"——在"21世纪人类生存与发展国际人类学学术研讨会"上的讲话》，载《厦门大学学报（哲学社会科学版）》，2000（4）。

类型与层次相结合"的研究方法的重要性。由此,张昆博士的研究并没有将调查视角局限在一个单独社区内部,而是以旗为单位,选取东乌珠穆沁旗不同地理位置、植被类型、退化程度以及不同生计生活状况的个案进行了分类对比研究,做到了由点及面,层层推进,有助于探究整个牧区社会的经济特点及文化特殊性。具体研究中,她的调查视野从地域上打破嘎查、苏木行政边界,分别在东乌珠穆沁旗的不同苏木和镇,有针对性地选取了典型个案开展调查,通过分析每一个群体和单位的"具体"现象,揭示对象"总体"变化的内在机理。最后提出,对于多点民族志的理解,不仅是对几个不同调查点的研究,同时也应是一种包括一定区域内不同群体、不同类型及不同单位的研究方法。因此,本研究在牧区人类学研究中是一个以旗为单位的多点民族志,在研究方法上对以往以个别社区开展调查的牧区人类学研究是一个方法上的突破和推进,具有创新价值。这是博士论文写作过程中,特别在方法的运用上,张昆博士认真领会费先生研究方法基础上的运用和创新,也是我们多次讨论之后关于研究方法的定位。

该书采用了人类学的深度访谈与参与观察相结合的方法,对于同一问题,尽量做到深度访谈和参与观察两者兼顾,互为印证。对于涉及牧业经济相关方面的数据,结合问卷方法,力求论文描述过程的准确性。在参与观察的同时,结合了心理学中的倾听、释义、共情等方法了解访谈对象的思维方式和认知方式。此外，直接引用访谈者的语言，并对之进行语言、语义、语境的分析来撰写民族志。而在描述田野点概况、部落历史以及生计方式的演进过程中，也参考了丰富的地方志、民族通史等文献资料。田野调查中，有很多游牧生产过程、生活场景及节日仪式，还有一些马头琴、长调、呼麦、搏克、赛马等代表当地民族传统文化的表演，为了保证资料的完整性和准确性，为后期的写作复原现场感，张昆博士经常骑着牧民的摩托奔走于各嘎查和各牧户之间，一手拿着摄像机，一手拿着照相机，随时记录宝贵的素材，正是这些动态的视频资料陪伴她完成了博士论文的写作过程。她这种扎实的田野精神，从事研究的认真执着值得肯定。

该书以生活在内蒙古锡林郭勒草原腹地的蒙古族游牧民作为研究对象，在长期田野调查基础上，通过对生计选择和草原情结的研究，为我们展示了一幅实践主体如何维系和延续游牧生计及其精神世界的动态图景。研究具体包括以下三方面：一是在政府引导下的社会文化变迁过程中，牧民怎样以家庭为载体，弹性调整和变化生计策略，维系游牧生计的延续性。二是定居之后的空间改变及生计策略的调整对牧民生活产生了哪些影响，以及这一过程带来的社会分化与社会问题。三是定居与生计策略的调整对他们的心态及地方性文化机理产生了什么影响，作为游牧经济及文化传统的精神世界如何延续，而草原情结在生计及传统延续过程中又如何起作用。这三个方面的研究带领我们更进一步地认识在整个社会变迁的叙事背景下，牧民经历了怎样一个不断选择以及情感纠结的调适过程。

该书着重挖掘了牧民对社会变迁的响应及其主动、能动地应对的策略，意在建构新的文化—生态—社会协调发展理论格局，提出基于草原生态环境建构的草—畜平衡互动格局中，不应忽视环境中"人"对于结构再造的能动性和影响力，这一视角即草—畜—人三者之关系也是我20多年前在草原生态研究中所关注的重要领域。我希望张昆在研究中继续关注这些问题，并在此基础上讨论自然生态、人文生态及人类心态三者之间的关系。本书非常重视"人文因素"和"文化因素"的内生动力，为牧区人类学的研究提供了一个非常扎实的民族志个案，也为我国牧区社会当今实施"牧区振兴战略"和"牧区可持续发展"，推进牧区生态文明建设提供了一个很好的区域社会与发展的经验个案。可以说，本书在游牧社会变迁和可持续发展方面的研究取得了突破性的成果，因而具有很高的学术价值。

该书借用费先生"乡土情结"一词表达的内涵，提出了"草原情结"这一概念，以此来形容牧民内心所具有的持续性、以草为核心的愿望、信念与情感，也用"根在草原"表达了作者及其所研究的牧民对草原的深厚情感。这种情感的依恋与不舍正是维系和延续游牧生计及其文化传统背后深层的文化机制所在。当然也要看到草原生态当今面临的问题，如一些地方借生态保护之名进行的集中化安置、围封转移、大规模禁牧等措施对牧业民族造成的影响，不仅仅是单纯地迫于压力进行生计转型，也使他们离开了"有根的"草原，进入到一种新的"无根的"社会生态之中，由此引发的一系列文化社会失衡案例不断出现，其背后包含着传统草原人文价值的缺失。失去草原的牧民不仅失去了他们的生计家园，其对草原的认知变迁和人文精神变迁，也昭示着他们对自身精神家园的远离，而工矿业对草原的开发引发的一系列生态和社会问题，也是我们在今后的草原生态和社会变迁研究中更应关注的重要内容。希望张昆博士能够在该领域不断努力进取，在今后的学术道路上取得更优秀的成果。

（2018 年 10 月 8 日于中央民族大学）

◎ 跨区域社会体系与社会实践中的
三亚回族 *

1986 年 9 月，我从西北大学考古专业本科毕业，到中山大学人类学系跟随容观夐先生攻读文化人类学硕士研究生。第一次到先生家里，先生就讲到他和岑家梧先生、严学窘先生等一起，20 世纪 50 年代初在海南岛进行民族调查的情形。我记得很清楚，先生当时就说，海南岛的黎族远古与太平洋岛屿的群体有很大的关系，苗族其实很多是从广西过来的，和广西的瑶族有很大的关系，而三亚的回族是从海上过来的。我当时就对海南岛有一种神秘异样的感觉。1987

* 本文为张亮《南海回村：三亚回族的时空观念与社会实践》（北京，社会
科学文献出版社，2016）书序。

年11月，我终于有机会踏上海南岛的土地，从广州坐了一天一夜轮船到海口，再坐当时经常抛锚的长途公共汽车，到了目的地通什（今五指山市），已经是第二天的晚上。当时的通什到处是茅草房，我和杨鹤书教授等来到附近几十公里的黎族寨子，那时寨子的人基本上屋子都不上锁，家里的日常用品加起来也就值几十元，大多是泥和竹子做的家当。从通什到三亚的路上，路两旁也都是茅草房。到了三亚的海边，来卖土特产的妇女很多就是当地海边的回族。我对三亚回族的第一印象是，他们善于做生意。我们又从三亚坐车回到海口，沿途看不到任何工业烟囱，依然是那样的田园，那样的传统。然而1988年4月13日，七届全国人大一次会议做出了设立海南省的决定。建省的决定，把海南纳入新的发展里程中。2008年，我在20年后又一次踏上海南，这一次我们去了侨乡和黎寨。2009年我和太太去了三亚的回村。当时，当地村民和我讲村里和海外的联系非常多，包括到中东留学学习阿拉伯语的就有60多人。我的一些博士生当时已经开始在黎寨和侨乡调查了，而海南回族研究，是整个海南岛人类学研究中重要的一环。

张亮本科就跟我做毕业论文，当时我给他的选题是调查他家乡呼和浩特的回族。我读研究生时也在这一带做过调查，去过几次回族社区，变化也很大。张亮在田野调查的基础上写出本科论文，被评为中山大学优秀毕业论文。之后他跟随我硕博连读。张亮读研究生时，对"清真"的概念就有兴趣，特别是在呼和浩特回族社会调查的基础上，讨论这一问题。后来经过我们多次的讨论，他对这一概念做了非常好的梳理，形成论文发表在《开放时代》杂志上。[①] 我觉得他可以把回族的研究继续下去，要看一下与内地回族不一样的海上回族如何显示出他们的内在特点。我从三亚回村回来就和他谈我的想法，希望他以三亚回族群体作为研究对象进行博士论文的写作。海南岛的民族研究在中国人类学的学术版图中具有极其重要的地位，中山大学人类学系的海南研究在学术史上书写过浓重的一笔，这一学术传统应该得到继承和发扬，并且完全有条件进行更加深入的学术研究。

在海南岛的不同民族中，三亚回族有其特殊的地位。在民族志研究的层面，三亚回族以其独特的语言文化历史在海南岛的民族研究中占据不可或缺的地位，在人类学学科中具有巨大的讨论空间。德国和日本的学者在这里的调查留下了很多珍贵的材料。在 20 世纪 80 年代，给我印象最深的是美国的人类学博士庞耿芬 (Pang Keng-Fong)。她在调查前，曾经来过中山大学人类学系，我和她在马丁堂聊过天，她说她要去三亚调查。我一直在想她后来的调查成果如何，有无留

[①] 张亮：《清真：知识体系与生活方式——以呼和浩特市回民区通道街为例》，载《开放时代》，2011（2）。

下调查报告。我让张亮查了她的资料，果不其然，她留下了三亚回族研究的博士论文。庞耿芬出生在新加坡一个华侨家庭，父辈祖籍海南文昌，这是她在海南进行田野调查的渊源之一。1984 年庞耿芬在新加坡国立大学取得学士学位，并于 1986 年进入美国加州大学洛杉矶分校人类学系攻读博士学位，1986—1990 年在中国和马来西亚多个地方进行田野工作，最终于 1992 年凭借对三亚回族的研究取得博士学位。庞耿芬在华调查期间，与中山大学人类学系有着密切的交流。正是由于庞耿芬的介绍，三亚回族才被国际人类学界所重视。但之后缺乏非常深入的民族志田野调查。[①] 庞耿芬的研究过后 20 多年，如何来进一步了解和认识三亚回族的变化呢？

当然，相对于庞耿芬的工作而言，张亮的研究我也不希望做成所谓"回访研究"，而是有其独特的学术意义。在一年多田野调查的基础上，张亮写出了《个体化张力下的集体意识：三亚回族的时空观念与社会实践》的博士论文，受到了好评。本书就是在博士论文的基础上压缩而成的。在我看来本书带给我们的思考很多，主要表现在如下几个方面。

---

① Pang Keng-Fong, "The Dynamics of Gender, Ethnicity, and State Among the Austronesian-speaking Muslims (Hui-Utsat) of Hainan Island, People's Public of China," unpublished doctoral dissertation, Los Angeles, University of California.

（一）区域与民族：海南岛研究中的三亚回族

任何民族的存在都离不开它所处的空间。在中国讨论民族与区域的问题，要特别强调"民族走廊"。"民族走廊"的概念是费孝通先生在 20 世纪 80 年代提出来的，强调多民族中国社会的构成里面，有很多的民族通道。中国的民族研究不能以单一的民族概念来讨论，一定要讨论它与周围的族群、周围的群体的关系。① 民族研究不能简单地从民族内部来进行，事实上要把民族内部的研究纳入空间里面来讨论问题。

在中国各民族的空间布局中，海南岛具有极其特殊的地位。海南岛无论是地理还是文化都属于中国大陆文化的边陲，在长期的历史演变过程中，逐渐形成一种"岛屿文化"的形态。然而，海南岛民族研究领域存在很大的争论和歧义。对海南岛的民族及其文化的理解不能仅停留在海岛的狭隘空间概念中，还应梳理不同历史时期族群间的交往方式，充分重视文化和社会网络的复杂性。海南岛以独特的人文地理环境，在区域研究的视角下具有巨大的讨论空间。与当年被作为人类学实验室的台湾相比，今天的海南是一个更为开放和更具

---

① 费孝通主编：《中华民族多元一体格局》，17~46 页，北京，中央民族大学出版社，2018。

潜力的实验室。①

张亮的三亚回族研究就是实验室中的精彩个案。实际上，相对于三亚回族有限的分布区域和较少的人口规模，其相关研究成果堪称高密度，不仅参与人员多，涉及内容全面，而且时间跨度大。张亮在研究中发现，早在1896年，德国学者夏尔德就根据地方文献提出海南回族先民在宋朝由海外迁入海南岛的观点，20世纪初期的日本学者桑原骘藏、德国学者史图博也支持这一观点。②

张亮的研究结合口述历史和历史文献，以充分的材料说明了三亚回族与中南半岛占婆国（今越南中南部）的密切关系。张亮重新解读了三亚回族"正堂禁碑"的碑文和《通屯宗谱全书》提供的家族世系图谱，结合对三亚回族语言、宗教文化的分析，一方面梳理出三亚回族进入中国版图后再地化的过程③，以及如何接受一套中国文化的过程，另一方面发现了三亚回族通过修订自身的"民族史"，建立起群体身份的认同。④

———————————

① 麻国庆：《海南岛：中国人类学研究的实验室》，载《广西民族大学学报（哲学社会科学版）》，2014（5）。
② 张亮：《三亚回族研究的人类学意蕴》，载《西南民族大学学报（人文社会科学版）》，2012（6）。
③ 张亮：《从"番客"到主人：三亚回族社会实践中的历史记忆》，载《西南边疆民族研究》，2012（2）。
④ 张亮：《从占人后裔到国家公民：试析三亚回族的身份认同》，载《开放时代》，2015（4）。

三亚回族的研究表明，海南岛民族研究的意义不仅在于文化的多元共存与共融，更在于其文化主体区域性乃至世界性的社会网络建构实践。

首先，海南岛是一个整体性与多样性相结合的区域社会。一些多民族地区有些民族在某些文化特征上已经分不出彼此，形成了地区共有的文化元素。同时，在人种、语言、历史、信仰、民俗与民族互动等方面又表现出文化多样性的特点。区域社会内的交往受到民族国家范畴下的概念和边界的约束，应该重新反思区域原有的整体性和共同性特征。

其次，海南岛民族研究，反映的是区域网络的不同要素对区域多样性的作用。梳理不同利益实践者的交往方式、冲突模式、解决逻辑，进行利益争端类型的积累，有助于我们充分认识区域内利益机制的多样性、区域网络的复杂性，以及由此而产生的历史、文化、记忆与秩序，从而深刻理解环南中国海区域的整体性与多样性。

再次，从海南岛民族研究到环南中国海的区域研究。基于山、水、海的复杂关系，开拓从海南岛到环南中国海的区域研究，也就是把民族走廊地区、少数民族社会、跨越国界的华人社会、东南亚与中国华南交往放在一个体系下研究，剖析不同历史、政治、地理脉络下区域文化的变迁和族群的互动过程，是认识区域社会的重要思路。

毋庸置疑，海南岛深刻地烙上大陆文化的印记，这种影响在当今体现得尤其明显。伴随着国际旅游岛的建设，海南岛"大陆化"的痕迹越发突出。以旅游业带动城镇化，以开发促进经济发展，已经成为海南岛社会发展的主要模式。大陆文化与海洋文化的混合状态逐渐演变成置换反应，海洋文化日渐式微，直至消失。岛内的族群交流由原来的移民长期定居变成游客、候鸟老人等的短暂宜居，原本的多元文化共生也随之显出颓势，旅游文化的主体地位日益重要。仅仅将海南岛定位为旅游岛，容易使其作为海上丝绸之路的中心地位单一化。在全球化浪潮席卷海南岛社会之际，如何开展人类学田野研究，以重新定位海南岛的学术地位，对于认识整个环南中国海的区域与文化有着重要意义。

（二）流动与跨界：三亚回族与环南中国海区域中社会

如何在继承前人研究成果的基础上重新开拓中国区域研究的新思路，是应该重视和思考的一个重要问题。这几年，我一直在关注环南中国海区域研究。我所界定的环南中国海区域包括南中国海的周边区域，以及与南中国海发生经济、政治、军事等重要关系的国家和地区。这一区域族群众多，人文地理分布复杂，错综复杂的族群交流和贸易往来使得环南中国海区域内部各地区之间的联系十分紧密。在环南中国海的区域研究中，我认为应以人群为导向，即从人出发的区域网络研究。^① 对于人类学来说，区域只能是人的区域，随着人的流动，区域的边界并非固定不变的地理界限或行政界限。因此，区域研究是跟随作为研究对象的人的流动和作为研究者问题意识的问题的流动而进行的研究。南海区域的族群关系，既包括沿海的问题，如港口沿海的移民、贸易、宗教信仰、民间和官方的交流与冲突等，也涉及跨海的问题，如跨海的商人集团、贸易往来、货币流通、移民等。在环南中国海区域里，以海洋为媒介的流动和互动是一种常态，这种常态因为人群的国家背景和文化背景的不同而呈现出复杂性的一面。因此，从人出发的区域问题类型化研究将是环南中国海区域研究开展的基本落脚点，不仅可以实现从"利益"实践者的角度解读"实践中的国家利益"，而且有助于再现和重构南海族群的区域互动网络。

张亮的三亚回族研究让我们看到了民族流动和多层次的网络关系，依靠这种关系，三亚回族在实践中和海外社会形成了一种有机的网络，这种网络本身构成了一种文化交流的重要图景。

首先，环南中国海区域是伊斯兰教进入中国的重要通道，同时穆斯林在环南中国海区域的构建和发展中起了重要的推

---

① 麻国庆：《文化、族群与社会：环南中国海区域研究发凡》，载《民族研究》，2012（2）。

动作用。早在唐宋时期，随着伊斯兰教的传播和中外交通的发展，大量阿拉伯地区的穆斯林商人、使节和传教士来到中国。作为海上丝绸之路的起点和中外交通、贸易的重要口岸，三亚等地成为伊斯兰教传入中国最早的地区之一。三亚回族既吸收了中华文明的丰厚养料，同时又承载了伊斯兰文化的优良传统，可以说，回族在中西交流史上起了重要的沟通与桥梁作用。

其次，以区域内的宗教体系来看，宗教的传播必然与人口的流动联系在一起，而且这种格局不是一蹴而就，也并非一成不变。由于地缘关系，环南中国海区域的海路交通甚为便利，社会文化交流频繁。张亮在书中提道：一部分三亚回族在 20 世纪上半叶迁徙至马来西亚的槟榔屿，1950 年后与家乡失去了联络，其后裔成为马来西亚的正式公民。曾任马来西亚第五任首相的巴达维，就具有三亚回族的血统，晚年退出政治舞台后还曾拜访三亚的清真寺并参加礼拜。从三亚回族的社会生活实践中，可以看到本区域内穆斯林广泛的社会网络关系。

再次，文化、族群、社会与市场，使得环南中国海区域内部网络和流动的关系日益复杂化。20 世纪 60 年代以来，环南中国海区域内的各国和地区的经济社会都发生了深刻的变革，特别是 20 世纪 70 年代末中国改革开放以后，这一区域内的族群和商品流动更为频繁。三亚回族的经济生活和社会实践表明，人口的流动必然伴随着文化的流动，新的文化元素的引入必然会对原有的文化权力、族群关系和社会认同产生影响。

三亚回族的经济实践与文化交流活动，使其具有毋庸置疑的文化枢纽地位。族群关系上的血脉相亲，历史长河里的荣辱与共，社会文化上的相互交融，频繁的人口、商品、信息、文化的流动与交换所带来的错综复杂的关系链条成为维系区域整体的基础。而这些关系链条经过市场、族群与组织的长时段运作，衍生出多重社会网络及与之相关的象征体系，共同构筑了环南中国海区域社会的复杂体系。

（三）全球化与个体化：三亚回族社区的社会转型

在全球化的今天，如何规划和定位区域研究以及在学科原有传统基础上继续推进区域研究，无疑都是当前应该反思的问题。在中国，自费孝通先生之后，人类学学界很少有人再提出区域研究的整体思路，大多是传承费先生的区域研究。与其他区域研究不同，费先生的区域研究是一套较为完善的区域发展体系，有明确的实践目的[①]，即通过区域研究真正

---

① 费孝通：《农村、小城镇、区域发展——我的社区研究历程的再回顾》，见《中国城乡发展的道路》，430~450 页，上海，上海人民出版社，2016。

地认识区域并在此基础上发展区域经济。

　　尽管在人口、商品、信息快速流动的全球化社会中，对任何一种社区单位层次的简单概括，都不足以分析当前世界体系中复杂的交叉性特征，但是，区域研究的前提在于社区研究的扎实基础。费先生多次指出，村落—乡镇—城市—区域的研究模式，是认识中国社会的重要途径，在方法上是整体和部分的关系。[①] 从社区研究的角度讲，张亮的三亚回族研究以现代社会理论中的"个体化"为关键词，回归到社会人类学社会结构研究传统，为我们讲述了三亚回族如何在国家、市场之间游刃有余，实现自身社会发展的故事。而个体化的讨论，也是当地社会在实践中的自我调整。

　　在对三亚回族的文化特殊性加以充分关注的基础上，张亮将三亚回族社区作为区域社会的一个部分。三亚回族社会文化的变迁受到国家权力的决定性影响，其内在发展的动力来自区域社会的整体特性，这样，在以"现代化"为目标的社会发展层面，三亚回族社区与周边的社区乃至中国内地其他地方的社区具有高度同质性。但是，并非所有的族群或社区都能够接受和适应现代社会的"游戏规则"，从而引发发展问题、社会问题。问题的关键在于，三亚回族利用自身的

[①] 麻国庆：《社会结合和文化传统——费孝通社会人类学思想述评》，载《广西民族学院学报（哲学社会科学版）》，2005（3）。

文化禀赋，在个体化的社会张力下，确立了集体性的行动逻辑。对三亚回族来说，个人经济生活条件的改善固然是人生的主要目标，但实现群体的团结更是个人谋求发展的手段，因而三亚回族在实践中自觉选择社会转型中的集体策略。无论是在国家的改造中，还是在市场竞争的压力下，三亚回族都不是被动的存在。必须承认，三亚回族接受现有的政治秩序，遵守市场经济的游戏规则；三亚回族对自己历史、宗教、文化的理解都离不开国家主流意识形态的影响；三亚回族的生活环境主要受宏观社会环境的影响而发生了翻天覆地的变化。更为重要的是三亚回族在实践中的能动力：国家政策为三亚回族提供了运用少数民族身份制造社会情境的可能，市场经济规则促使三亚回族运用国家赋予的政治资源参与竞争。换句话说，三亚回族主动选择国家和市场经济等外来力量中对自我群体发展有益的因素，而规避不利于自己的因素。

从三亚回族社区研究中，我们可以了解到，看似复杂多样的区域社会网络有其自成一体的发展轨迹。传统社交网络经过不断的社会再生产过程，最终成为今日所讨论的超越国家意识形态和地区边界并自成体系、健康有序的跨国网络。从微观而言，族群身份、亲属关系、宗教知识、商业资本都可以在家庭或家族生活中习得，并依靠代际传承得以延续。再扩大一点说，文化风俗、知识体系、思维逻辑、传统惯习等族群特征又在群体间的交往过程中得以固化，并在不同时空的社会中进行展演。当然，全球市场、意识形态以及地区间的经济依附关系等更为宏大的社会结构对区域网络的历史演变也至关重要。承继历史各时期纽带关系而成的区域网络在空间上又具有流动性和延展性。即不同类型的社会网络既会因主体活动空间的变化而流动，又可因家族、地域、族群、国家等认同关系而进行延展和相互糅合。

（四）一点希望：走向跨区域社会体系研究

综上所述，张亮的三亚回族研究回应了一些基本问题，但从更宏观的角度看，关于三亚回族的研究仅仅迈出了第一步。

三亚回族作为南岛语系族群，在"文化中国"框架内具有特殊的意义。沿着南岛语族扩散的这条线索，我们还可以进一步探讨华南与东南亚古文化的关联。南岛语族南迁至东南亚海岛并扩散到不同区域，逐渐创造出内部千差万别但又呈现文化相似性的太平洋岛屿文化。我们姑且称以马来群岛与印尼群岛为中心向四周辐射的地域在文化形态上属于南岛语族文化圈。在北方，随着中原王朝对南部边疆的经营，中原文化逐渐南移，南缘可抵今天越南、缅甸等国的中部地区。南岛语族文化圈与中原文化圈叠合的地带正是我国西南与东南亚北部的百越。今天，我们所界定的西南与中南半岛诸跨境民族的文化很大程度上源于古越人的传统。而将视野从西南转向东南沿海，我们会发现百越文化不仅奠定了区域内山地文明的基础，还与中国古代海洋文化，尤其是"海洋中国"的传播与影响密切相关。

从三亚回族出发探讨"文化中国"的形成逻辑及结构特点，归根结底是为了观照区域中的人及人的活动。如何正确理解区域社会的基本特点，进而促进区域命运共同体在资源与人文价值上的共享，以达成不同利益主体的共识，则需从跨国家（trans-state）和跨民族（trans-nation）的视野对区域研究的整体方法论进行探讨。正如我在《文化、族群与社会：环南中国海区域研究发凡》一文中所指出的，整体性与多样性相结合是环南中国海区域社会的基本特点，而由多种社会网络及象征体系构成的跨区域社会体系，则是这个区域社会得以延续的基础。

由此，我提出"跨区域社会体系"这一概念。[1] 它的形成实际上借助了民族国家形成前的区域传统惯性，具体分为自然生态与人文生态两个面向。族群之社会文化与自然、区域、地理有着更为稳固的关联性。自然资源的共享以及在共

---

[1] 麻国庆：《跨区域社会体系：以环南中国海区域为中心的丝绸之路研究》，载《民族研究》，2016（3）。

同地域与生态中形成的生产、生活逻辑都成为区域社会构成的基本前提。而建筑于日常生活之上形成的共有的文化传统则是维持区域间频繁跨境交流的动力所在。此外，文化传统之下，区域内的个体依靠何种纽带（如血缘、地缘、业缘、趣缘等）结合成为内在结构的群体，则涉及区域社会结合的问题。而结合的具体方式及功能实际上可以和上述不同类型的社会网络和圈层结构联系起来。

应从社会整合与文化理念的角度去思索区域主体的发展问题。而跨区域社会体系的形成，本身也是全球社会的重要组成部分。"全球社会"的概念是恩师费孝通先生在2000年国际人类学与民族学联合会中期会议上提出的。其主旨演讲题目为《创建一个和而不同的全球社会》[①]。演讲特别强调在全球化背景下不同民族不同文化如何和平相处的问题。他在会上提出的"全球社会"理念强调，在全球化过程中，不同的文明之间如何共生，特别是世界体系中的中心和边缘以及边缘中的中心与边缘的对话，越来越成为人类学所关注的领域。

"跨区域社会体系"的概念，跨越了家族、社区、族群、民族、国家与跨国家区域等不同层次的社会单位。而如何进

[①]　费孝通：《创建一个和而不同的全球社会——在国际人类学与民族学联合会中期会议上的主旨发言》，载《思想战线》，2001（6）。

一步提升跨区域社会体系中的文化自觉，如何建立不同文化与族群之间的"心态秩序"和"道义秩序"的问题，对于我们今天的"一带一路"建设有重要的参考价值。

让我欣慰的是，张亮在进入云南大学工作后，在西南边疆地区的人类学研究，尤其是在缅甸北部地区进行的海外民族志研究中，始终坚持民族社会的整体性关怀，沿着在三亚回族研究中确立的基本学术思路，坚守着人类学田野工作者的本分。希望张亮能够不忘初心，在三亚回族的后续研究和西南边疆区域研究中，进一步提升自己，贡献出更具学术价值的作品。

（2016 年 8 月 20 日于中央民族大学）

跨区域与海外社会

◎ 跨界的人类学与文化田野

　　总结费孝通先生一生的学问，我认为可以简单概括为"三篇文章"：汉族社会、少数民族社会、全球化与地方化。从费先生的学术历程看，以江村为起点一直到全球社会，都围绕着流动性、开放性和全球性展开讨论，如江村的蚕丝通过上海经过加工进入资本主义体系及其晚年倡导的"和而不同"的全球社会理论。可见，费先生一直关注着中国社会文化人类学研究的流动性与跨界性。当今世界跨界流动的现象越发频繁，延续费先生的学术脉络，我们有必要重新审视"跨界的人类学"中丰富的意涵。我想，可以从如下几个方面深化对"跨界的人类学"与文化田野的理解和认识。

（一）"跨界的人类学"将成为人类学学术的重要方向

今天，人类学家在关注文化、历史、结构、过程以及研究对象的行动时，经常要穿越社区、地方、区域乃至国家的边界。近年来，从大量的民族志作品看，仅仅试图赋予某个个案独立的意义已难成功，甚至当以类型学的手段进行个案分析时，我们也难以概括不同个案中"你中有我，我中有你"的整体性内涵。此外，虽然"跨国主义""跨境研究"等系列概念也在试图回应全世界普遍发生的"流动"状态，但仍然是不够的。因为，人类学的研究单位是立体的、多层次的，对任何一种社区单位层次的简单概括都不足以分析当代世界体系中复杂的交叉性特征。即使是亚洲发展中国家、非洲与南美等发展中区域，世界体系也早已将它们深深卷入其中。

"跨界"这一概念，要比"跨国""跨体系""跨境""跨社区"等具体性的概念更具有理论意义。跨界本身不是否认边界，而是试图重新认识边界。在一定程度上讲，我们区分社区、区域、国家的边界时，实际上也是在强调它们之间的联系纽带。比如，两个社区之间最为紧密的联系区域恰恰最可能产生在所谓"边界"之中。因此，当人类学以跨界的视野去认识研究对象、研究区域时，所秉持的方法论，就不能仅仅是内部性的扩展个案研究，同时更要是内外兼顾的扩展个案研究。

今日，各种人口、商品和信息的洪流搅和在一起，造成边界的重置与并存。跨界本身成了一种社会事实，其中尤以人口跨国流动为甚。在这个过程中，社会与文化的重重界限被流动人口的活动所打破。跨国生活过程将不同社会的多种边界并置于一个空间，我们在不同社会研究中提出的概念和知识被连接起来，形成了一种"模棱两可"的场域，即一个地点两套（甚至多套）知识体系互动的局面。一方面，传统意义上的跨国流动关注政治界限的跨越和协商，但这只是多面体的一面。实际上，在这个环境中，多个社会中的民族、阶级、政治，参与到同一个边界运作过程中来，形成了一个由政治、经济与文化多重边界构成的多面体。另一方面，这不仅是一个从多方面重新划界的过程，也是一个协商与抵抗的过程，是由政府、社会、企业与个人参与其中的互动机制。因而全球化，或者说跨国流动所带来的这种衔接部位并不存在固定的方向，而是一个各种力量相互摩擦的互动地带。

在我看来，中国人类学与世界的重要对接点之一，可能就在于"跨界"的人类学。流动的概念已经变成全球人类学的核心。比如，广州的外国人流动现象反映了全球体系在中国如何表述的问题，广州的非洲人作为非洲离散群体（African diaspora）的一部分，以移民的身份进入中国这个新的移民目标国，在全球化背景下重新形塑了人们之间的行为边界及行为内容，成为跨界流动中的"过客"。又如，中国的技术移民——工程师群体，当他们移居到如新加坡等国后，他们的家乡认同、国家认同以及对新的国家的重新认同，都反映了流动、迁居所带来的多重身份认同。与这相关的研究是日本京都大学东南亚研究中心的研究团队，在 20 世纪 90 年代初就提出的"世界单位"的概念。所谓"世界单位"，就是跨越国家、跨越民族、跨越地域所形成的新的共同的认识体系。比如，来自非洲、阿拉伯、东南亚和广州的伊斯兰信徒在广州如何进行他们的宗教活动？不同民族、不同语言、不同国家的人在广州如何形成新的共同体和精神社区？在全球化背景下跨界（跨越国家边界、跨越民族边界和跨越文化边界）的群体，当他们相遇的时候在哪些方面有了认同？这些人的结合其实就是个世界单位。这些研究成果与学术传统促使我一直在思考华南在全球社会的地位，以及其与东南亚社会的联动性问题。萧凤霞认为，"华南"作为一个有利视角可以用来说明"历史性全球"（historical global）的多层次进程。[①] 而从当代全球人类学的研究视域而言，华南研究提供了"从中心看周边"和"从周边看中心"的双重视角，对重新审视华南汉人社会结构、华南各族群互动及东南亚华人

---

① 萧凤霞：《跨越时空：二十一世纪的历史人类学》，载《中国社会科学报》，2010-10-14。

社会都具有重要的方法论意义。[1]灵活地转换"中心"和"周边"的概念，不仅要跳出民族国家的限制，从区域的角度来重新审视"华南"，更是提倡突破传统的大陆视角，转而从"海域意识"出发来思考华南到东南亚这片区域的整体性与多样性。流动、移民、过客和世界单位，这几个概念将会构成中国人类学走向世界的重要基础。这些年我一直在思考，到底中国人类学有什么东西可以脱颖而出？我们虽然说已经有许多中国研究的作品，也尝试着提出自己的理论，但像弗里德曼那样的研究还无法构成人类学的普适化理论。我觉得，新理论有可能出自中国与周边国家和地区的跨界地带，如东南亚、南亚、东北亚、中亚等过渡地带。在这些区域，如果以超越民族国家的理念，把研究提升到地缘政治和区域研究的视角进行思考和讨论，应该会产生经典的人类学民族志作品。同时，不同民族的结合部，在中国国内也会成为人类学、民族学研究出新思想的地方。其实，费孝通先生所倡导的民族走廊的研究，很早就注意到多民族结合部的问题，今天一般用民族边界来讨论，但结合部，在中国如蒙汉结合部、汉藏结合部等，还有其特殊的历史文化内涵。

　　不管是着眼于国内的流动还是跨国的流动，一个全新的

---

[1]　麻国庆：《作为方法的华南：中心和周边的时空转换》，载《思想战线》，2006（4）。

领域——跨界的人类学（麻国庆语）将成为 21 世纪全球人类学的核心。人类学研究也必须与世界背景联系在一起，才能回答世界是什么的问题，才能回答世界的多样性格局在什么地方的问题。

现在，海外中国研究对于中国的民族研究有两种取向。一种偏文化取向，如对西南民族的文化类型进行讨论；而另一种偏政治取向，将藏族等人口较多的民族放到作为问题域的民族中来讨论。不论采取什么取向，首先都要强调，任何民族研究都应当在民族历史认同的基础上来讨论，不能先入为主地认为某个民族是政治的民族，而要回到它的文化本位。相当多的研究者在讨论中国的民族的时候，强调民族自身的特殊性与独立性，却忽视了民族之间的有机联系及互动性和共生性。也就是说，将每个民族作为单体来研究，忘记了民族之间形成的关系体，忘记了所有民族皆处于互动的共生关系中。这恰恰就是"中华民族多元一体格局"概念之所以重要的原因。多元不是强调分离，多元只是表述现象，其核心是强调多元中的有机联系体，是有机联系中的多元，是共生中的多元，而不是分离中的多元。我以为，"多元一体"概念的核心，事实上是同时强调民族文化的多元和共有的公民意识，这应当是多民族中国社会的主题。

关于海外中国研究，有几点是值得注意的。第一，海外研究本身应该被放到中国对世界的理解体系中来看待，它是通过对世界现实的关心和第一手资料的占有来认识世界的一种方式。第二，强调中国与世界整体的直接关系。比如，如何驳斥西方因中资企业大量进驻非洲而提出的中国在非洲的"新殖民主义"问题？人类学如何来表达自己的声音？第三，在异国与异文化的认识方面，如何从中国人的角度来认识世界？近代以来聪明的中国人已经积累了一套对世界的看法，如何把这套对海外的认知体系与我们今天人类学的海外社会研究对接？也就是说，中国人固有的对海外的认知体系如何转化成人类学的学术话语体系？第四，海外研究还要强调与中国的有机联系性，如杜维明提出过"文化中国"的概念，人类学如何来应答？五千多万华人在海外，华人世界的儒家传统落地生根之后的本地化过程以及与有根社会的联系，应该可以说，这恰恰构成了中国经济腾飞的重要基础。我们可以设问，如果没有文化中国，中国经济能有今天吗？

另外，海外研究还要重视跨界民族。这一部分研究的价值在于与中国的互动性形成对接。此外，还有一个很大的问题，就是中国人在海外不同国家中的新移民的问题。不同阶层的新海外移民在当地的生活状况值得关注，如新加坡的技术移民生活过程可以被视为一种自由与限制、体面与难堪之间挣扎的过程等。同时，不同国家的人在中国的状况其实也是海外民族志研究的一部分。我觉得海外民族志研究应当是双向的。国内的韩国人、越南人、非洲人，还有在中国不具有公民身份的难民，都应该构成海外民族志研究的一部分。这方面的研究一方面是海外的，另一方面又是国内的。海外民族志研究不应局限于国家，要有多样性。

（二）关于文化田野

自从人类学家告别古典时代"安乐椅"式的工作方式，开始远足到万里之外的异域和真正的"他者"打交道以后，人类学这门学科才算真正找到了自己的位置。马林诺夫斯基在南太平洋小岛的调查，开启了人类学的新时代，他以建构文化科学为理念，给学科的方法论起了个"科学"名称———"田野工作"（fieldwork）。由此开始，人类学的田野调查被赋予了文化的主轴。

马林诺夫斯基文化科学的方法，是指研究者在原住民中生活，以直接的观察、详细充分地验证的资料为基础，参照专业的规范来确立法则，进而论证这一民族生活的实态和规律。时至今日，田野工作对于专业的人类学研究者来说，较为理想的状态是研究者在所调查的地方至少住一年，以特定的社区为中心，集中、细致地调查。以田野工作的方式获取资料，在田野的基础上讨论问题，成了人类学专业的行规。

田野调查中出现的问题有几个趋向。一是田野调查的伦理价值判断问题。如果田野调查讨论实践、讨论行动的问题，那么田野调查的学理意义会受到质疑。二是很多田野调查没有观照社会学调查，只是一个社会调查而已，忽略了田野调查对象中人们的思想和宇宙观。田野调查本身是作为思想的人类学而非资料的人类学得以成立的。许烺光很早就在《宗族·种姓·俱乐部》里提出，社区研究是发现社区人们的思想，不是简单的生活状态，因为之所以产生这种生活状态，背后一定有一套思想体系的支撑。[①]三是接受后现代人类学，忽略了人类学传统的田野调查经验，把田野调查资料过度抽象化，抽象到田野调查已经不是田野调查本身，而是研究者的一套说理体系。但如果把当地人的观念简单抽象化，这种田野调查是还原不回去的。

在一定意义上，人类学传统的社区研究如何进入区域是一个方法论的扩展，用费先生的话来说就是扩展社会学。人类学到了一定程度后，如何来扩展研究视角，如何进入区域，是一个重要的问题。这也涉及跨文化研究的方法论问题。"进得去，还得出得来"，拓展多点民族志的比较研究。

与方法论相关的另一个问题是，民俗的概念如何转化成

---

① 参见［美］许烺光：《宗族·种姓·俱乐部》，薛刚译，北京，华夏出版社，1990。

学术概念。20世纪80年代,杨国枢和乔健先生就讨论过中国人类学、心理学、行为科学的本土化问题。本土化命题在今天还有意义。当时只是讨论到"关系、面子、人情"等概念,但是,中国社会里还有很多人们离不开的民间概念需要研究。比如,日本社会强调"义理",义理与我们的人情、关系、情面一样重要,但它体现了纵向社会的特点,本尼迪克特(Ruth Benedict)在她的书中也提到了这一点。这如何转换成学术概念?民俗概念和当地社会的概念完全可以上升为学理概念。

田野调查从一开始,就跨越了人类学家为其界定的概念边界。田野工作的本质,跨越了获取资料的技术手段,成了对异文化的思想关怀。田野调查的目标,跨越了对某些事项的描写,成为人类学家超越时空进行思想交锋的平台。田野工作的意义,在"写文化"之后被赋予了更为丰富的内涵。随着极端后现代主义思潮的逐渐退去,经过深度反思的人类学已经不再迷信单一的理论范式,更放弃了科学主义的表述方式,然而学科共识却变得模糊了,人类学分支学科大发展的背后,是问题域的碎片化。面对困惑,人类学家还是纷纷回到田野调查里寻找答案。

此时的田野调查中,只有解答人类多元文化时迸发出的五彩缤纷的思想火花,早已不见了单线、苍白的刻板界限。在非洲的人类学家,从随着部落民一起进入城市开始,问题意识也从找寻宗族的平衡机制转向贫民窟和艾滋病的治理方式；在拉美的人类学家，走出了原始森林荫庇下的大小聚落，将目光转向民粹主义领袖的政治宣传策略；在东亚和欧美的一些人类学家，纷纷回到自己的家乡展开田野工作，不无惊异地发现自己对"本文化"的解读可以如此深入和多元。

当然，我们这种内外兼修的"跨界"人类学方法，仍然应以关注文化为核心的民族志田野调查来完成。当我们发现文化模式的共生与冲突、社区网络的连接与重组、习俗规范的形成与解构、行动意义的理解与实践等议题时，实际上就是在讨论"跨界"问题，而核心议题仍是"文化"，人类学的看家本领——田野调查与民族志是理解跨界与文化的基础。我们的田野是文化的田野，它既不是沉浸于过去的历史回顾，也不是走马观花的现状调查。对历史、数据、哲学、政策等时髦议题的关注，是在文化田野之中的，而不能替代文化田野本身。费孝通先生曾在生前希望出一套"文化田野丛书"未果，后来看其寄语感慨万千，此次丛书[①]加上"文化田野"的表述，以纪念先生对于人类学的巨大学术贡献。费先生在寄语中写道："文化来自生活，来自社会实践，通过田野考察来反映新时代的文化变迁和文化发展的轨迹。以发展的观点结合过去同现在的条件和要求，向未来的文化展

---

① 即麻国庆主编的"跨界与文化田野"丛书。

开一个新的起点，这是很有必要的。同时也应该是'文化田野丛书'出版的意义。"本套丛书在学理上秉承费先生的这一寄语。

文化在田野中，才能获得最为鲜活的解读。文化田野早已越过了社区的界限，族群的界限，区域的界限，国家的界限。比如，冲破传统上城乡二元的限制，进入城市的农村人口，他们跨越城乡，融合了"乡土性"与"都市性"，是城乡一体化的典型例证，他们因跨界、因流动而形成的文化风格甚至成为现代都市生活中有生机活力的创造性成分。他们在城乡之间消费自己的劳动，憧憬着家庭的未来，这是中国社会内部流动性的一大特点。除了内地汉族社会的流动性，民族地区的流动性与跨界性也是一大特点。

（三）跨界研究与"一带一路"的内与外

"一带一路"是丝绸之路经济带和 21 世纪海上丝绸之路的简称。其实，早在 20 世纪 80 年代初，费孝通先生就特别强调区域发展中的内与外的问题。他提出对河西走廊、藏彝走廊、南岭民族走廊这中国三大民族走廊进行研究，强调这三大民族走廊最大的特点就是跨界性与流动性。费先生提出了依托于历史文化区域推进经济协作的发展思路，以河西走廊为主的黄河上游一千多里的流域，在历史上就属于一个经济地带，善于经商的回族长期生活在这里。现在我们把这一千多里的黄河流域连起来看，构成一个协作区。因此，这个经济区的意义正如费先生所说："就是重开向西的'丝绸之路'，通过现在已建成的欧亚大陆桥，打开西部国际市场。"①

对于南方丝绸之路，1991 年费先生在《瞭望》杂志上发表了《凉山行》，其中就提到关于藏彝走廊特别是这一区域内和外的发展问题。他提出，由四川凉山彝族自治州与攀枝花市合作建立攀西开发区，以此为中心，重建由四川成都经攀西及云南保山在德宏出境，西通缅、印、孟的"南方丝绸之路"，为大西南的工业化、现代化奠定基础。②

1981 年，在中央民族学院（1993 年更名中央民族大学）民族研究所的座谈会上，费先生把"南岭走廊"放在全国一盘棋的宏观视野下进行论述与思考③，之后又强调把苗瑶语族和壮傣语族这两大集团的关系搞出来④。这个论断，其实暗含了类型比较的研究思路。比如，南岭走廊的研究对于我们认识南部中国海疆、陆疆的边界与文化互动有着重要的现

① 费孝通：《对民族地区发展的思考》，见《费孝通全集》第十四卷，109~110 页，呼和浩特，内蒙古人民出版社，2009。
② 费孝通：《凉山行（上）——关于开发大西南的话题》，载《瞭望》周刊，1991（35）。
③ 费孝通：《民族社会学调查的尝试》，见《费孝通民族研究文集新编》（上卷），440 页，北京，中央民族大学出版社，2006。
④ 费孝通：《深入进行民族调查》，见《费孝通民族研究文集新编》（上卷），473~474 页，北京，中央民族大学出版社，2006。

跨界的人类学与文化田野

实意义，其意义是在长期的历史过程逐渐形成的，并且与南中国海以及周边省份、国家逐渐发展成为一个有内在联系的区域。从历史与现实上看，与东南亚毗邻的南部边疆与南中国海及周边陆上区域，不但在自然的地理空间上有相邻与重合，而且在文化空间上形成了超越地理意义上的文化网络和社会网络。中国南部的陆疆、海疆区域与东南亚之间的经济联系历史悠久，明清时期发展成为具有一定全球性影响的经济区域，今天，中国—东盟自由贸易区成为世界三大区域经济合作区之一。在这一背景下，这一对话和联系的基础离不开对这一区域的文化生态与社会网络的人类学思考，如山地、流域、海洋等文明体系和区域文化的研究。

费先生当年所强调的丝绸之路的理念，对我们今天的"一带一路"倡议，有重要的参考价值。

在"一带一路"建设中，人类学、民族学关于跨国社会研究的经验和基础，会扮演非常重要的角色。重新认识和理解"一带一路"的社会文化基础和全球意识是人类学民族志研究的新的趋势。我们的研究重点将会是通过海路和陆路所形成的亚、非、欧洲之间的交通、贸易、文化交流之路。这种跨境的文化交融现象在现代化和全球背景下将会越来越多，原本由国家和民族所设定或隐喻的各种有形和无形的、社会和文化的"界线"，不断被越来越频繁的人员、物资和信息流通所"跨越"，形成了复杂多元的社会网络体系。今日的世界日益被各种人口、商品和信息的洪流搅和在一起，带来边界的重置与并存，因而跨界本身成为一种社会事实。

在经济全球化的今天，随着"冷战"的结束，全球体系越来越向多极化方向发展，区域问题、地缘政治与发展等问题，不断超越传统的民族国家的界限。经济全球化所带来的全球文化的同质性、一体化的理想模式，受到了来自地方和区域的挑战。因此，应从区域的角度来探索全球性的问题和现象。

国际合作背后重要的因素是文化，文化的核心是交流、沟通与理解。只有理解他国、他民族、他文化，才能够包容接受、彼此尊重，才能保持世界文化的多样性、价值观的多样性，才能建立人类文化共生的心态观，创造"和而不同"的全球社会。

生活·读书·新知三联书店即将推出"跨界与文化田野"丛书。丛书力图把社会、文化、民族与国家、全球置于相互联系、互为因果、部分与整体的方法论框架中进行研究，超越西方人类学固有的学科分类，扩展人类学的学术视野，形成自己的人类学方法论。同时，本丛书也会出版海外民族志的研究，特别是以流动性为主题的人类学作品。中国人类学进入海外研究，这是与中国的崛起和经济发展紧密相连的。

本丛书也会遵循学理性和应用性的统一。我记得在1999 年，日本《东京新闻》采访 20 世纪对世界贡献最大的社会科学家，在中国采访的是费先生，当时我做翻译。印象很深的是这位记者问费先生："您既是官员又是学者，这在国外是很难想象的，您一直强调学以致用，它会不会影响学术的本真性？"费先生没有正面回答。他说，作为人类学和社会学学科，它的知识来自民间，作为学者就是要把来自民间的知识体系经过消化后造福当地，反馈当地，服务于人民，而中国本身的学术也有学以致用的传统。费先生所追求的核心问题就是"从实求知"和"致富于民"。本丛书在学理和实践的层面会以此为指导，使本丛书真正成为"迈向人民的人类学"的重要园地。

在文化田野中，我们可以看到的"跨界"实在太多。本套丛书也希望成为一个开放式的平台，特别强调高水平的人类学跨区域研究以及民族志作品，使之成为一个品牌并发挥长期效应。

［本文原刊于《广西民族大学学报（哲学与社会科学版）》，2015 年第 4 期］

◎ 泰国国民身份的文化深描 *

　　龚浩群来北京大学社会学人类学研究所攻读博士学位时，我还在北大工作。我给她所在的年级上课，之后参与了她论文的预答辩和正式答辩的全过程，之后她又来中山大学人类学系读博士后，此时我已经调回中大人类学系工作。可以说我见证了她进入人类学的学习过程。欣闻浩群的博士论文经修改即将在北京大学出版社出版，希我作序，很不敢当，但作为一位了解她的学人，我还是想与作者及读者共享她的具有象征意义的、改革开放以来中国人类学的博士论文中最早的海外民族志的作品。

---

*　本文为龚浩群《信徒与公民——泰国曲乡的政治民族志》（北京，北京大学出版社，2009）书序。

记得 1997 年美国著名人类学家萨林斯教授来北大社会学人类学研究所讲座时，曾对中国的人类学做出过评价，他认为中国人类学的最大缺憾之一就是缺乏对海外社会的民族志调查和研究。这一点我也深有感受。当时我刚从东京大学留学回来，从我们的东邻日本的人类学研究中看到，日本人类学的研究对象主要是海外社会，本国研究主要是社会学家和民俗学家的工作。特别是随着日本经济的高速增长，海外研究成为日本人类学的主流。对于欧美的人类学而言，海外研究一直是其重要传统。作为以研究异文化为基础的人类学，这一传统对于学科的发展是非常重要的一个环节。

中国作为多元一体的多民族国家，多样文化的存在使得中国本身就是绝好的人类学民族学田野调查的对象，对于海外的民族志调查非常少见。然而，随着中国对外交流的频繁，我们对异国异土的研究不能仅仅停留在二手资料的梳理上，从我们国人的观点如何具体地认识国外社会，这是摆在我们面前的新课题，也是对中国人类学学科的挑战。丙中学兄面对这种状况，领导他的学术团队开展了对包括泰国、马来西亚、印度、澳大利亚、美国、德国、俄罗斯及蒙古国等国家的主体民族的民族志研究，开创了以人类学学者的团体力量研究海外社会的先河。浩群的论文就是这一大思路中第一部出笼的作品，所以其意义非同一般。

本书是关于现代国家公民身份建构的人类学研究。关于国家的人类学是政治人类学当中的一个重要命题。早期的政治人类学侧重研究无国家社会，随着二战后民族国家的广泛兴起，现代国家当中公民与国家关系的建构问题成为当代人类学的关注点。本书对于小乘佛教在政治现代化进程中的作用进行了阐释。作者从传统社会与现代社会的公共性的转换入手，着重探讨了由宗教建构起来的公共性逻辑在现代社会的转化形式。泰国作为一个典型的佛教国度，在这一大多数民众信仰佛教的社会里其公民身份是如何在制度、认同和实践层面得以表现的呢？特别是在泰国最基层的村落社会这些要素又是如何具体得以体现的呢？这就需要在民族志田野调查的基础上，对公民身份的实现形式及其背后的政治社会文化等背景进行"深描"，从中发现这一社会人们的思想结构和行动特点。

我记得在参加浩群的博士论文答辩时，我曾提到的一个疑惑是，该民族志描述让人感觉那是一个非常良性的社会，这个社会没有冲突，到处都让人感觉到这是一个温情脉脉的村落社会。后来我又进一步阅读她的论文，我更加体会到这种具有温情的社会，与佛教信仰有着直接的联系，宗教观念与世俗利益之间存在辩证的关系。作者从曲乡人小乘佛教信仰中的核心"功德"观念的讨论来展开其民族志的叙述，其层面涉及家庭、村落、社会组织、国王体系等。这一当地人最重要的功德观念在最高层次上体现为民族国家共同体。从其论文中看到，在民族国家的建构过程中，王权起到了关键性作用，国王被确立为民族国家的象征。国王是佛法的执行者，奠定了民族国家的普遍主义基础。

在"功德"与"王权"两条主要线索的背景下，作者展开对于民间社会结构、日常生活和公共生活方面的表述，如家的空间结构、家庭关系、长幼秩序规范、家庭的宗教活动、村庄的公共生活、村庄的历史、人际交往的规范等，在此基础上描述当地人如何在制度框架下行使和表述他们的公民权利，其中包括选举、参与地方自治、结社和义务教育，给我们展示出国家如何通过规范公民权利来加强国家意识，而当地人对公民权利的理解又与其地方性知识体系和文化认同有机地联系在一起，在一定程度上反映了国家和地方之间的同构和相对疏离的关系。

这本民族志的很多章节都涉及人类学的主题：互惠。如个人的布施与功德，给与报的关系体现于通篇，给予的主题是论文始终关注的，尤其是给予与交换的对比。人类学已有的交换研究难以解释泰国的社会事实。在泰国的宗教活动和世俗活动中，给予与接受双方的地位之分的标准不一致。宗教中的给予不完全互惠。民族国家建立之后，很多活动也可以按照互惠原则进行。这为我们进行相关的研究提供了很好的视角。

本书是关于现代国家公民身份建构的人类学研究。它以泰国为个案，从若干切入点探讨了东南亚研究中的某些代表性的理论问题。例如，在地方政治结构中关于庇护人——被庇护人关系的讨论，关于威权主义与官僚政体的讨论，以及关于现代化理论中的文化决定主义的讨论等，并以民族志材料为基础对以西方为中心的社会科学论断进行了大胆的批评。

本书以当代泰国的民族志研究为基础，在关于传统与现代性、政治权利、公民教育等方面，为反思中国社会提供了可以比较的对象，体现了当代人类学学者开展文化批评的自觉意识。

最后，我想引用我们答辩委员会的评议来对该研究做个总结。龚浩群深入泰国中部的一个乡村，掌握了当地的语言，和当地人生活在一起，完成了一个一年周期的规范的人类学实地调查。在田野调查的基础上，龚浩群精心撰写了她的博士论文《信徒与公民——泰国曲乡的政治民族志》，这是中国高校首部符合国际规范的以国外主体民族为对象的"海外民族志"，具有开创性意义。可以毫不夸张地说，该博士论文研究资料翔实，所用的理论框架能在前人的研究基础上进行修正和完善，进而提出自己的分析和解释模式；写作规范，具有很强的逻辑性，是近年来难得见到的一部优秀的人类学博士论文。

◎ 日本稻作传统中的"村落共同体"*

　　1994 年 10 月，我以北京大学和东京大学联合培养博士的身份到东京大学大学院文化人类学专业留学，师从末成道男教授。临行前到导师费孝通先生家聆教，先生希望我到日本后认真学习三位社会学家、人类学家的研究，他们是福武直、鹤见和子和中根千枝。我的日本老师末成先生正是中根先生的大弟子。在学校我不断学习这三位老师的著作，从中体会到他们的一个共同点，那就是关注中日的社会结构和乡村发展的问题。第一次去拜访中根先生时，她很高兴我来东大留学并问起费先生的情况，我一一做了回答。她问我对哪方

* 本文为李晶《稻作传统与社会延续——日本宫城县仙台秋保町马场村的民族志》（北京，生活·读书·新知三联书店，2018）书序。

面感兴趣，我说家族与社会结构。她当时就建议我去冲绳做调查，比较一下中国社会与日本本土社会的区别。但由于条件限制，我一直没有完成中根先生的建议。直到2002年我以日本学术振兴会外国人特别研究员的身份，在东京都立大学（现在叫首都大学）做客座副教授时，得到研究资助，才得以前后做过两次村落调查。末成老师的研究涉及日本、韩国、中国（包括中国台湾）、越南等地的比较研究，而且倡导从受中国文化影响的东亚其他社会的视角，从周边来看中国。在两位老师的影响下，我在留学期间特别感兴趣的是同受儒家文化影响的中国和日本在社会结构上表现出何种差异，基于此，我阅读了相关的研究，并在末成老师的安排下去九州农村做了短期的调查。

其间我一直关注日本的"家""村"问题。1999年，我在《世界民族》发表了《日本的家与社会结构》一文，系统阐述了我对日本的家与社会结构的认识。之后我又出版了《家与中国社会结构》一书，在书中我把中国的"家"与日本的"家"进行了比较，我发现，日本的家更强调其作为一个经营体的概念，而中国的家则强调血缘体及外延扩大的社会关系特征，更具文化意识形态的意义。在书中我还阐述了日本村落社会的基本特征，指出日本农村社会的同族组织是日本社会主要的社会结构之一。日本社会中的同族组织，表面上类似于中国的宗族制度，但两者的内容完全不同。日本的同族是在家联合的基础上建立的，家联合是由本家（honke）与分家（bunke）所组成的，即是一个称为本家的原有之家及与本家有附属关系的新成立之分家所构成的功能团体。典型的本家、分家关系是由长子继承本家，次子及以下诸子则为分家，不论是本家还是分家都是功能性的共同体。这显然不同于中国的宗族的系谱关系。和中国进行比较，日本的同族是以本家为中心的，同族含有非血缘者，血缘的原理较为淡漠，但中国的同族是非常清楚地以父系血缘的原理结合在一起的。中国人所指的宗族是一个典型的父系继嗣群（patrilineal descent group），但是日本的同族显然并非一个继嗣群（descent group），这是中日两国亲族制度最基本的相异点。因此，中国的宗族是基于父系原理形成之群体；日本的同族则是基于居住、经济要素而形成之群体，其结构的本质具有一种松散的倾向，并非一种稳定的共同体。随着长子继承制度等在法律上的废止，以本家和分家关系建立起来的同族集团也就失去了其实质的意义。

我在书中讨论了战后日本农村社会学的理论问题，指出战后的日本农村社会学主要继承了战前有贺教授的研究；在此基础上，福武直教授提出了具有影响的日本村落类型论，把日本的村落分为同族型村落和讲组型村落。其他代表性的日本村落类型的分类还有人类学家冈正雄的同族制村落和年龄阶梯制村落，法社会学家矶田进教授的家格型村落和非家格型村落。上述不同的村落类型论揭示了一个共同点，即家这个角色在村落社会中所扮演的角色，是村落类型论的一个基点。战后日本人类学对于日本社会结构研究的重要成果之一，就是探明了年龄阶梯制村落的社会结构。这一结构特征与社会学对于同族村落的研究结合在一起，对于日本的村落的基本结构，基本上有了一个明确的认识，这主要是以村落结构和亲族结构的对应关系为主轴展开的。日本人类学研究者对于村落社会的同族制村落和年龄阶梯制村落两种类型的分法，与日本社会学者的看法并不相同，如有贺喜左卫门和福武直，都不承认年龄阶梯制在村落结构上的意义。事实上，这种分歧出于各自的研究视角，想要确切地来划分年龄阶梯制村落和讲组型村落也是很困难的。但至少有一点是共同的，从功能上来看，在日本村落社会中，这三种性质确能体现不同的村落的结构特点。

我在书中还讨论了日本和中国的村在结构上的差异问题，指出从神社和庙的性质的差异上就可以看出日本的村和中国的村在结构上的差异。在日本，村里有神社，氏神不只是血族团体的守护神，它也保护着村与村里的人。例如对于祭祀，村民并不是为了各自的利益进行祭祀，而是祭祀村全体的守护神，可见神社作为地缘结合的中心起到了强化地域认同的作用。中国的村落中，村人信仰的对象除宗祠外，还有村庙。村庙是村人信仰的中心之一。汉民族作为血缘集团象征的祠堂和作为地域社会象征的村庙,和日本最大的不同,就是在历史的发展中,并没有自然地融合在一起,而是相互独立地存在。也就是说,血缘和地缘的纽带在汉民族的村落生活中是分离的。在日本,村同族集团在以共同祖先神为中心结合在一起的同时,又与其他的同族一起祭祀神社,祭祀共同的村守护神。因此,在地域的融合发展过程中,形成了具有纯地域团体的特色。在这一过程中,氏神、产土神、镇守常作为相同的词来使用,它们作为血缘、地缘一体化的共同体的神而被村民祭祀。在书中,我表达了自己对中日社会结构构成差异的看法,认为这一差异使中日两国选择了不同的现代化道路。可以说,中国的传统社会结构比日本有更多的不利于现代化的因素,如继承制所体现的资本的分散、集团构成的血缘意识、社会组成的关系网络等,当然这些只是现代化过程中的内在因素。

2001 年到 2003 年,我以日本学术振兴会外国人特别研究员的身份,在东京都立大学(现在叫首都大学)渡边欣雄教授的安排下,在长野农村做了前后几个月的田野调查,后来又到冲绳调查。从田野中我深切感受到中日两国在乡村社会方面的本质性差别。在我看来,对日本社会的人类学研究是人类学全球话语体系之内的工作,对于中国人类学界来说,这项工作做得还不够理想。早在 2010 年,我在《中国人类学的学术自觉与全球意识》一文中就谈到,人类学最终要解释人类生存价值背后的普遍性和特殊性，这种诉求的背后是对人与文化的反思。人类学话语体系是全球性的话语体系。作为一门以研究异文化为基础的人类学，这一传统对于学科的发展是非常重要的一个环节。我认为进行海外民族志研究，除了可以加深对研究对象国的认识之外，对我们进一步认识中国社会、解决中国社会自身的问题也大有裨益。而海外研究，即对于与中国文化密切相关的周边国家的研究，显得尤为重要。中国和日本的关系非常重要，对日本社会的田野研究，是我们认识日本社会的重要基础。我一直希望有学生能在日本做一个长时间的田野调查。

李晶是我 2008 年在中山大学人类学系接收的博士生。他是我迄今为止带过的最年长的博士生，入学时年龄已经50 岁，早已是大学日语专业的教授。当时，他对我谈了考博的志向。他说，他从大学毕业就一直想研究日本社会、文化，虽然早年也在日本留学过几年，但是那时学习、研究的是日本的"国语"，这不是他的初衷，违心的学习，一度使他失去了再学习的兴趣，现在年龄虽然不小了，但他还是想重拾旧梦，在我的门下研究日本社会、文化。这样的年龄还对学问有如此大的兴趣和决心，实在令我感动。最终，他以优异的成绩通过了博士生入学考试，如愿成了我的学生。入学以后，他和我再度商谈博士期间的研究方向时，坚持要研究日本问题，这无疑令我欣慰。李晶扎实的日语基础和刻苦的学习精神，使我相信他一定能出色地完成博士阶段的学习。决定好研究方向以后，2009 年 7 月至 9 月李晶就去日本踩点，经过两个月的实地考察，他最终决定把日本宫城县仙台秋保町马场村作为田野点。

我们知道，日本社会经历了 20 世纪 60 年代的高速经济发展、90 年代以后的老龄化之后，社会结构发生了巨大变化，农村出现了"极限村落"，即面临消失危险的村落，以及更多的"过疏化"村落。面对这种情况，日本学界"村落终结论"盛行，杞人忧天的情绪蔓延。日本农村果真如此吗？带着这个问题，李晶于 2010 年 7 月开始再度去田野点进行调查，经过半年扎实的田野调查，他对日本村落社会有了更为全面、系统、深刻的认识。李晶决定跳出日本村落研究的传统理论藩篱，用新的视角重新审视日本村落社会。稻作农业是日本的传统农业，也是日本农业的支柱。日本农业的 90% 以上都是稻作农业，且稻作农业历史悠久，由此而产生的稻作文化是日本文化的根基。以稻作传统看村落社会变迁，是一个全新的视角，仅此一点，也可以看出其研究的创新性。经过和我的讨论，李晶决定以"稻作传统"的视角，看日本村落的社会变迁。他说，他研究的目的是找出日本村落社会变迁的原动力，看清日本社会未来发展变化的方向。同时也希望从日本的"田野"中挖掘出具有普适性的经验来，为进一步认识和解决中国问题服务。这样，李晶的博士论文题目最终确定为《稻作传统与社会延续——日本宫城县仙台秋保町马场村的民族志》，之后他又在日本坚持做了半年多的田野调查，前后累计在日本的田野点工作了将近一年半的时间，之后完成了他的博士论文。其论文主要讨论的是日本稻作传统中的"村落共同体"问题。在日本，从明治以来，作为集落社会构成单位的村，分成自然村和行政村两种形态，自然村为中近世建立的"村落共同体"，行政村为明治以后作为完备的地方自治体的行政单位。在这两种村落中，连接村落人们的纽带正是村落祭祀。明治政府所推行的一村一社的政策，强化了神社在村中的地位。实际上，"村落共同体"意识常常以具有相互独立身份的家的共同体意识为出发点。因此，在认为家是日本社会的基石的同时，应认识到家也是日本宗教的基石。日本人对作为家的一员有甚强的认同，比起个人的认同更强得多。

不过，如何看待"村落共同体"，学者的意见莫衷一是，争论很多。在此背景下，李晶的研究难能可贵。他的研究突破了传统的研究范式，研究结果澄清了一些人对日本"村落共同体"的模糊认识。日本"3·11"大地震以后，其东北沿海地区发生了巨大变化，对地震和海啸还有余悸的人，纷纷离开了世代生活的故乡，没有离开的人中有的人至今还住在政府提供的简易房里。日本政府虽然投入了大量的人力和物力来恢复灾区的风貌，但是至今还没达到灾民们所预期的效果，有些灾民开始"抱团取暖"，通过互助方式解决生活中的困顿，甚至有人开始怀念起"共同体社会"时代。所谓"共同体社会"时代就是村落的各种社会组织健全、发挥作用的时代。从这一点也可以看出李晶研究"村落共同体"问题的现实意义。

李晶的著作开宗明义，运用人类学的研究方法考察日本村落社会，目的不是想通过研究，提出自己的价值趋向或者倡导什么主张，而是希望像格尔兹提倡的那样解释"地方知识"，并从中找出中国可以借鉴的东西。本书关注的是在当今全球经济一体化，日本经济发展不景气、即将加入"跨太平洋伙伴关系协定"（简称"TPP"）的大背景下，日本农业、农村、农民如何调适、维系村落的问题。日本社会中，既有前现代的，也有现代的，甚至还有后现代社会的特质，前现代社会的某些社会传承，在某种程度上还影响着当今的日本社会。与其他社会相比，日本农村社会中，最有特色的就是"村落共同体"。李晶对日本村落的研究主要运用的是社会人类学与文化人类学的方法，通过分析日本"村落共同体"的演变，透视村落变迁过程，揭示在世界经济一体化、乡村城镇化的过程中，村落维系的内在动因。他研究传统日本社会的目的与日本、欧美学者不同，除了挖掘维系村落的普适性的经验之外，还希望为中国农村的发展提供实证经验。可以说，作者许下的愿望都兑现了，本书通篇都是围绕着稻作传统下的"共同体"意识这一主题展开的。作者最后指出，如今的日本村落既非传统意义上的"村落共同体"，也非现代意义上的"社区"，"村落共同体"以其特有的形式延续着。"村落共同体"之所以能够延续，既有传统文化的作用，也有村落中的各种社会组织的努力。日本农村，并没有因为"村落共同体"的存在和国家在农村社会的隐身而出现社会失衡。这让我想到林耀华先生在《金翼》中提出的村落社会的"平衡"理论。中日农村社会共同点之一，就是平衡性。日本政府给农村社会提供的是"政府服务"和政策导向，管理则依靠村落中的社会组织；社会组织既对国家负责，也对村民负责，这客观上既维护了"国家的权威"，又维护了村民的利益，还维护了"村落共同体"。日本的村落之所以能在社会的不断变化中维持其自身的发展，主要原因就是：村民的"村落共同体"意识并没有丧失；村落中各种社会组织基本健全；村落的传统文化没有遭到破坏。这一结论发人深思，特别是对于当下中国乡村社会的研究有着重要的借鉴作用。

李晶的著作是中国人类学者写的第一部关于日本村落社会变迁的民族志。著作归纳起来有如下几个特点。

第一，关注"村落共同体"这一传统资源的现代意义，详细地梳理了日本村落研究的成果，归纳了日本村落研究的理论，并提出了对于传统理论修正的视角，即村落研究的"共同体"视角，阐述了"稻作传统与社会延续"这一主题在日本乡村研究中的意义。在日本有不少对村落的研究，主要关注的是传统意义上的村落，以及现代村落变迁的结果。他们受后现代主义思潮的影响，认为日本村落变化是必然的，却往往无视"村落共同体"的客观存在。李晶详细地考察了村落的社会组织的运作情况，参加了社会组织搞的一些活动，发现传统稻作农业赖以生存的"讲""结"等社会组织虽然已经失去了实用功能，但是其他社会组织，如町内会、水利管理组合、消防团、青年组、葬礼组、檀家集团等传统社会组织在村落事务中仍然发挥着重要作用。他指出，传统的社会组织仍然是社会治理的重要力量和资源。

第二，很好地把握了空间与社会的关系。李晶提出了日本村落研究的圈层理论，对婚姻圈、集体祭祀圈、生产与生活圈、情感交流圈等熟人社会的圈子做了很好的表述。特别是他描述了稻作传统对"家"与"村"变迁的影响。例如，"共同体社会"中的"家"与"村"，概述了"家"和家族形成的过程、明治政府制定的家族制度、日本人的家族意识、日本"家"继承的传统、马场村的"家"继承现状、日本东北地区亲戚的分类、日本"村落"的历史等。他指出，在日本，"家"与"村"的产生与稻作农业有关，稻作农业对地力、水利设施、共有山林的维护必须靠大家，"村"是跨越家庭的互助共同体。

第三，把社会结构与乡村文化仪式作为互为联系的有机整体开展研究。李晶详细考察了稻作传统中的民间信仰，包括祖先崇拜、山神崇拜和道祖神崇拜，以及稻作传统中包括插秧舞和"神乐"在内的民间艺术、传统节庆活动，包括"正月仪式"、盂兰盆节、新年会等。他指出，马场村的"正月仪式"，包括"私"的正月仪式和"公"的正月仪式。"私"的正月仪式是千百年来形成的民间传统，"公"的正月仪式是日本现代国家出现以后建构的具有国家意识形态的"传统"，因此，村民在过"正月"的时候，会同时受到民间传统和国家传统的双重文化洗礼。他同时还详细地考察了日本村民的葬礼仪式，指出日本村民的葬礼仪式办得都很隆重，是村落中的重要活动，参加他人的葬礼是村民不可回避的事情。村民的各种文化仪式在维系村落"共同体"中发挥着重要作用。特别是他对信仰"共同体"的研究，把国家与社会之间的互动关系，通过神道清晰地展现出来。神道是日本的宗教，从神道的发展轨迹上看，可以分为古神道、民俗神道、教派神道、神社神道、国家神道。所谓国家神道，是明治维新以后创造出来的具有国家意识的神道。国家神道包括神道行政，是国家主导的神道。国家神道教义的核心是"天皇现人神思想"和"万世一系思想"，它从明治维新以后到"二战"结束一直左右着日本国民的生活和意识，成为日本发动侵略战争的工具。李晶详细考察了村民的神道信仰，指出在如今的日本，"神社本厅"这个曾经的日本政府管理神社的机构，现在虽然在身份上是社团法人，不是政府机构，但其管理神社的方法和国家神道如出一辙，它对村民的神道信仰影响不可低估。正是由于"神社本厅"的作用，村民的民俗神道活动，不断被嵌入国家神道意识，致使村民在神道活动中自觉不自觉地接受着民俗神道和国家神道的双重教化。

第四，把农村、农业、农民的"三农"问题，置于国家、地方与社会互动框架下展开讨论。书中强调生计模式、农协、村落精英、村落发展与"村落共同体"的内在联系，如乡村稻作文化传统的特点以及稻作农业以外的生计模式。李晶所调查的马场村地处山区，适合种稻的农地有限。过去，村民除了种稻，还有不少人烧过木炭、养过蚕、种过荞麦，还有人兼职其他工作。事实上，在日本农村仅靠农业生产很难满足村民的消费需求，所以日本农村的"农民"多数是兼职的，基本都有其他职业，专业农户很少。在这种情况下，维系村落存续，要靠村民的自觉。例如，书中对于村民的年龄结构和受教育情况也做了调查，指出：现役"农民"多是70岁以上的老人，其中有不少人以前曾在外面工作过，至少小学毕业；65岁的人受教育程度更高，一般都有在外工作的经历，其中在政府部门工作过的人为数不少，这些人被李晶称为"返乡务农者"，他们有丰富的生活阅历和在外工作的经历，一般都是村落各种社会组织的负责人，在村落事务中发挥着重要作用。另外还有一些城市人，厌倦了城市生活，来村落租地种菜、养鸡。他们虽然没有真正融入村民的生活中，但是他们的到来，给老龄化的村落带来了生气，成了村落延续的助力者。此外，政府荫庇下的日本农协在村民生活中也发挥着积极的作用。书中指出，在日本，农业虽然不是优先发展的产业，但却是日本政府重点保护的产业。日本政府的主要农业政策的实施不光靠政府部门，主要靠民间组织。在日本农村社会中，最大的民间组织是农协。农协在日本农村社会中发挥着巨大的作用，它既是农户的代言人，也是国家政策的实施部门，具有双重身份。还有一点，本书特别强调"村落自治"中的国家在场问题。书中调查了包括马场村历史上的"村落自治"、教育与村落自治、马场村"村落自治"中的国家等问题。町内会和秋保综合支所在村落事务中都发挥着作用，町内会代表民间，秋保综合支所代表国家。町内会在政府政策的指导下实施村落自治，既是村民依靠的、自己的社会组织，也是政府信赖的、可以传递政府声音的社会组织，因此并没有游离于体制之外，它是村民和国家都依靠的组织。日本的地方自治是国家主导下的地方自治，一直存在于国家村落社会中，国家意识一直影响着村民。

第五，作者特别强调乡村再建中精英所发挥的作用。作者用中国传统的"绅士"来加以比喻。日本之所以能容纳"乡绅"，原因在于日本在现代化的发展过程中，成功地解构了

"城乡二元结构""国家—社会二元结构"。日本乡村治理靠的是政府引领下的村民自治，村落真正的管理者是村民，政府只提供政策和资金，与村民合谋治理，对村民平等相待，因此村民建设家乡的积极性被调动起来，"乡绅"有了用武之地。

综合而言，作为民族志研究，方法和方法论很重要。李晶的研究运用人类学的田野调查方法，接触村民，体味他们的真实生活，了解他们的真实思想，捕捉"家"与"村"延续的文化机制，得出了稻作传统所形成的文化传统——"共同体"意识是维系日本"家"与"村"的原动力之一的结论。这一结论反映了日本稻作村落的实际情况，揭示了日本稻作村落的本质。虽然作为一名中国人类学者，对日本社会进行民族志研究，本身就具有研究者和被研究者之间的关系和自身立场问题，但从李晶对研究对象的处理来看，非常符合学科规范。这为中国的日本社会研究提供了宝贵的田野经验，也为中国人了解日本社会提供了翔实的 "地方知识"。本书在探讨每一个问题时，都有扎实的田野经验再现和理论对话。主题对话的是"共同体"理论，各个章节的讨论则涉及了"家""村"理论、文化模式理论、仪式理论、社会管理理论、共同体理论、国家治理理论、社会结构理论、宗教人类学理论等。本书理论对话丰富、田野调查翔实，可以称为民族志研究的上乘之作，对于重新思考中国目前的"乡村振兴"与农村发展，有着重要的借鉴作用。

李晶的博士论文付梓，可喜可贺。这本著作是他多年努力的结晶。我相信，这是他学术追求的一个新起点，他身上的那种老骥伏枥、志在千里的精神，还会让他不断取得新的成果。

（2018 年 4 月 25 日于中央民族大学）

◎ 山海之间：从华南到东南亚社会

近年来，我在讨论环南中国海区域的族群、社会与文化时，发现这一区域中截然不同的山地、河流与海洋等地理环境所构建的自然空间在社会文化塑造和人口流动方面发挥了无可替代的作用。基于此，我也尝试在山地、河流、海洋等自然空间之中去讨论族群与区域文化。在持续的人群与自然、人群与人群的互动之中，三种自然空间分别塑造出山地文明、河流文明和海洋文明，而这三种自然空间和对应的三种文明又构成一个紧密互动的有机体。

（一）南部边疆：离不开的山与海

2011年，中山大学成立了以"南部边疆"为讨论重心的"环南中国海研究院"。在起草报告时，我和同人们使用"南部边疆"一词来强调南部边疆本身包含的陆地边疆和海疆的双重含义。南部边疆，指中国南部陆疆与海疆。中国南部陆疆的相当大一部分以及南部海疆的全部，是与东南亚国家毗连的，南部海疆之内即广阔的南中国海。与东南亚相邻的中国陆疆与海疆在长期的历史过程中逐渐形成，并且与南中国海以及周边省份、国家逐渐发展成为一个具有内在联系的区域。

首先，中国与东南亚国家之间水陆毗邻的复杂地理关系，表明中国南部陆疆与海疆是难以分开考虑的。其次，南部陆疆地区接近或濒临海洋，是形成南中国海海洋秩序的重要基础与动力。再次，南部海疆社会以及南中国海海上世界，是与其周边的广东、广西、海南、福建、台湾等地区紧密联系在一起的，在古代中国，闽粤的沿海居民是南中国海海疆社会的主要组成群体，也是与西方接触的先行者；自明清至民国时期，闽粤沿海居民作为主体促进了东南亚地区的开发，到今天，闽粤地区与东南亚仍然保持着密切的经济联系与社会网络。最后，云南、广西等陆疆地区，同南中国海周边省份与东南亚在文化、经济方面的交流与互动从未中断。总之，从历史与现实上看，与东南亚毗邻的南部边疆与南中国海及周边陆上世界，不但在地理上有相邻与叠合，更具有超越地理意义的内在关联，因此采用南部边疆区域的概念来指称这一地区。

南部边疆区域，国际形势复杂，文明历史悠久，社会文化多元，生态类型多样，经济增长迅猛。这一区域具有这些内在特点，从而成为国际学术界关注的焦点之一。从人类学的视角来看，在山海之间，我们非常关注如下一些问题：南部边疆区域体系的形成与演变；从历史上看，有着复杂多元性的南部边疆地区，何以成为一个"你中有我，我中有你"有着内在联系的区域？其机制何在？在民族国家建立前，如何从考古文化的多样性与同一性来考察这一区域内的文化联系？中华朝贡体系在南部边疆地区与东南亚的推行、演变，明清时期以闽粤沿海为中心的全球贸易体系等社会进程，如何把这一"山海之间"的自然空间变成一个跨区域的社会体系？在跨区域背景下，如何思考中国陆疆与海疆观念的演变，以及现代民族国家形成之后的国家认同与跨国认同、海洋社会与山地社会的互动、全球化与跨国网络等问题？在将南部陆疆、海疆、南中国海及周边社会作为互相联系的区域网络进行研究的基础上，如何深化研究以人为出发点的国家利益、南海海洋的祖权与主权、南中国海区域发展战略以及中国与东盟关系等现实问题？

在南中国海区域内讨论问题时，陆地边疆和海上边疆是关键的概念。因此，在中国版图里面，一定要明确陆疆和海疆是密不可分的。传统上，我们对陆疆地区比较清晰，对海疆的意识比较淡薄，以致在海洋上发生了很多争议性的问题。当我们在讨论海疆区域、海洋战争、海洋主权等问题时，这些问题的实质往往是海洋体系各种族群之间的关系。即在人与物的流动中，贯穿山海之间流域的文明体系，成为跨区域流动的重要通道。山、河、海逐渐成为我在讨论华南及东南亚社会时的核心概念之一。

目前的很多研究自觉或不自觉地受到政治边界的影响，将研究的视野局限在特定的狭小范围内，比较明显的如：以省际为区分的区域研究，以国别为区分的社会文化研究等。而实际上，区域间的交流有其自身的社会文化基础。例如，南岭走廊中苗、瑶、侗等诸民族的频繁流动往往让省际区分形同虚设；华侨历史上以及当下的跨海实践更凸显国别研究的局限。所以，我强调山、河、海的目的，首先是弱化政治边界的思维定式影响，超越行政单位的原有自然坐标或空间，这是我们研究的重要着力点。其次，特定族群与民族的社会文化有其特定的自然时空，同时在与自然时空的不断互动中发生碰撞、创新乃至变迁，并由此形成与自然时空更为融合的社会文化特征。也就是说，族群之社会文化与其自然、区域、地理有着更为稳固的关联性，这种关联性使得我在谈论山、河、海时，更多呈现的是山、河、海中的人，也就是由生活其中的人所创造的山地文明、河流文明和海洋文明。最后，将山、河、海三者结合起来思考，则是因为考虑到三者是密不可分的关系。内部差异明显的山地文明通过江河及各种支流关联与沟通，同时山地文明作为整体通过珠江流域与环南中国海连接。河流文明成为山地文明和海洋文明沟通的重要纽带和桥梁。海洋文明一方面将山地和河流文明带出去，另一方面其本身也作为桥梁，成为华南乃至中华文明与世界沟通的重要方式与渠道。可以说，中国的海洋文明是中国进行全球自我定位时的重要参照系。

西南与华南的人群流动，通过西南山地走廊、河流（如湄公河）与山地东南亚连接在一起。早在20多年前费孝通先生就强调中国西南山地与东南亚的互动，提出南方丝绸之路的区域文化与区域经济发展的理念。而华南区域通过环南中国海的海上通道与东南亚区域发生文化互动和文化影响，形成海上丝绸之路。这两条丝绸之路通道，也是我们理解南部边疆中陆疆与海疆的出发点。基于此，我们要把族群和文化的概念放在流动的体系中进行讨论，要考察族群互动和文化交流背后建立起来的山地文明、河流文明和海洋文明之间的关系。

正是基于山和海的复杂关系，我们拓展了从南岭走廊到环南中国海区域的研究视角。我们经常说，中国社会是一个多样化、复杂的社会。在特定区域内，这种多样性和复杂性能够引发我们很多思考。

例如，在珠三角流域这种流动性大、现代化程度较高的区域，传统文化往往依然保留在乡村社会。而这个传统文化又有着区别于内地其他社会的特殊性，这就是跨国的流动，尤其是与东南亚的人与物的交流。在山海之间重新思考和定位华南与东南亚的研究，将给这一区域研究带来新的人类学突破。本文试图通过华南与东南亚区域中的人类学田野研究，结合历史学、地理学、考古学等的跨学科视角，期冀在大区域背景之下细致地展示山、河、海之间的碰撞与交流，并从中发现三者互动的机理与内涵。

（二）文明视域下的山地与流域

人类学界早期的观点是将山地看作相对封闭的区域，其特征如山地相对平原而言，更为孤立、均质和稳定。相对于平地民以独立国家为中心，边陲山地民是以"部族"为中心的、远离国家的部族社会，一定程度上族群之间不相互干涉，接触程度低，大多保存着自己独特的语言、文字、宗教等。正如詹姆斯·斯科特所认为的，生活在此区域的山地民族，最好被视作低地国家高压统治计划的躲避者。这种躲避和流动，在无意识中建立了一个使他们可以不受国家管制的策略性位置，并塑造出躲避式的生计方式、社会组织与意识形态。国家对族群的规定和约束成为其自我定位的资源，并成为他们与其他族群交往互动中的重要权力。他们不断使用、修改或转换认同，以取得最佳的策略位置。① 这一思路对于山地社会区域内族群与国家之间关系的研究有着重要的借鉴意义。与陆地、山地相比，海域更加具有开放性的特点，是一个开放的网络体系。因而在沿海的族群和文化中，人们之间的交流较为频繁，我们经常会看到即使在相距甚远的地方仍可以找到相似之处，如南岛语系各族群文化的联系性与相似性的问题。

日本学者古川久雄教授提出，东南亚海域世界的基本特征是非中心社会，鹤见教授将其称为移动分散社会。在靠近陆地的沿海，既有丰富的林业资源又有渔业资源，人们无须被束缚于土地之上。古川久雄形象地称之为，只要有一艘船，到哪里都能生活。② 不管是海洋东南亚还是山地东南亚，他们都与中国的西南和华南构成一个紧密的区域联系体。

区域文明是一系列特定历史和地理条件的产物。在历史浸染过程中，一个区域，对于特定的人群来讲，就是"生命历程的舞台"，就是"生命意义之所在"。这一区域常常构成一种我们称之为"区域文明"的文化体系，如"岭南文明"

---

① James Scott, *The Art of Not Being Governed: An Anarchist History of Upland Southeast Asia*, New Haven, Yale University Press, 2009, pp. 324-338.

② 参见［日］矢野畅编：《讲座 现代の地域研究》第二卷《世界单位论》，78~79 页，东京，弘文堂，1993。

就是一种区域文明。同时，岭南文明也是一种"山海之间"的文明。所谓"山"，当然主要指的是南岭，但南岭背后代表的却是南北文化的通道、交汇与碰撞之点。而所谓"海"，指的就是南海，其背后所代表的是南海诸岛人群所构建的海洋文明。我们说岭南文明具有包容、开放、多元之特性，实与它介于山海之间、襟山带海的地理位置关联极大。这也是我为什么将"山海之间"视为整体的原因之一。

南岭山区，这一华南地区山地自然特征的重要代表，被费孝通先生提升为一个学术概念——"南岭民族走廊"，这使得这一区域的研究有了理论和方法论的双重价值。在"南岭民族走廊"理念的倡导下，该区域的人类学研究日渐兴盛，其中尤以对瑶、畲、壮等族的研究成果最为突出。其范围包括武夷山区南端、赣南山区、粤北山区、湘南山区、桂东北山区、桂北—黔南喀斯特区、滇东高原山区，东连闽粤沿海，西接横断山脉（"藏彝走廊"区域）。这些位于不同省份、地理形势不同、气候差异明显的不同类型的山区在整体上是毗邻相连的。更主要的是这一片山地空间在历史上形成了一个社会与文化意义上的单元。刘志伟教授认为，从区域与流动的角度研究南岭，先得从以环南海地区为核心的"亚洲地中海"与以黄河长江流域为核心的中华帝国两个世界性区域互动的层面上去把握。"天地所以隔外内"和"为百粤数千里咽喉"的双重角色，构成了南岭山区的历史基调。南岭之所以能成为一个作为研究范畴的区域，即从此基调下演绎出来。[①]

比如，瑶族就是在这一整片山地空间中来回迁徙的，自武夷山起，一路向西，直至散布于中南半岛各国山区。现在，在粤北、湘南、桂北等南岭山区，直至中南半岛山区，依然分布着大量瑶族。可以说，以瑶族等为代表的民族在这片山地空间中的活动与交往，塑造了这片山地空间，也将这片区域连成了一个整体，构成了华南及东南亚最重要的山地文明体系。面对山地区域文明，在已有文献研究和田野资料的基础上，如何从理论上进一步提升这一区域的研究？为此，我试图摆脱传统上"以山说山"的叙述模式，而将南岭走廊放在山、河、海的整体视域下重新思考和定位，也就是采用"以河说山"和"以海说山"的思路，将山、河、海看作一个有机整体。我曾多次指出，和其他走廊相比，南岭走廊最重要的特色就是"水文化"。[②]水的文化，最重要的是流动的特质，如西南山区的茶叶、桐油、木材等物品，通过小流域，汇入大的河流，通过庞大的珠江水系，与整个华南区域结合在一起。河网密集是南岭走廊显著的自然特征，河流让南岭走廊中的人和物连接和流动起来了，这就决定了南岭走廊是流域

---

① 刘志伟：《天地所以隔外内——王朝体系下的南岭文化》，见吴滔、谢湜、于薇主编：《南岭历史地理研究》第一辑总序，广州，广东人民出版社，2016。

② 参见麻国庆：《文化、族群与社会：环南中国海区域研究发凡》，载《民族研究》，2012（2）。

中的南岭走廊，即讨论南岭走廊离不开对流域的关注。对于南岭走廊而言，最重要的流域当属珠江。

从山海之间的河流出发，重新思考区域整体的社会、文化与经济流动，将有效提升这一区域研究的深度和广度。我的学生李文搜集珠江重要支流之一的西江沿岸的龙母神话，由此挖掘出西江上下游、交流与支流所在区域以及通过河道系统建立起来的地区交往脉络。沿江的土产、木材、松香、石材等大宗山货，从山区通过西江支流辗转运到西江各口岸，继而运往水系所能达的各大城市如梧州、贵港，直至珠三角、香港和澳门。西江水网络、西江沿岸地区经贸往来，使得这一区域的不同圩镇仿佛成了串联在一张网络中的大小"珍珠"，而在这个水网区域之中，以跑水运、打鱼、行商为职业的水上群体，则扮演了让整个区域随水流动起来的"串珠人"的角色。[①] 以珠江为纽带，南岭走廊和南中国海也构成了一个有机的整体，成为该区域的人类学研究必须考虑的整体视角。

可见，以流域作为载体，带动山地社会跨民族或跨族群的研究，让我们的视野转向山水之间。而与水文化直接相接的就是海文化。从南岭到南海，与海洋文明的持续性接触、

---

① 李文：《西江流域水上群体的流动与龙母神话》，见麻国庆主编：《山海之间：从华南到东南亚》，302~303 页，北京，社会科学文献出版社，2014。

互动与交流是华南地区社会与文化的重要特征，这就决定了华南研究应该放在更为宏大的海洋文明，尤其是环南中国海的海洋文化圈中进行阐释与叙述。

（三）区域文明网络中的海洋中国

与陆地中国相对应的，有一个海洋中国。著名历史学家王赓武先生从五个方面对海洋中国进行了大致的描述：第一，作为历史片段的海洋中国。中国自汉朝便形成并沿袭下来处理对外关系的"朝贡体系"，航海而来的外国人也被纳入这一体系之中。第二，作为外围地区的海洋中国。也就是便于出洋、离中央集权较为疏远的沿海省份。第三，作为终点的海洋中国。也就是说，中国是亚太地区经济文化比较活跃的地区之一，常常是太平洋地区商业航海的终点。第四，整体上的海洋中国。即集上述历史片段、外围地区和航海终点等各种特征于一体的海洋中国。第五，理想中的海洋中国。亦即海洋性和陆地性各占一定比例，达到理想平衡的中国。①

无疑，华南是这个海洋中国的重心之一。作为朝贡体系的边陲，海上穆斯林团体、佛教教徒、航海商人往往以华南

---

① 王赓武：《转型时期的海洋中国》，赵殿红译，见纪宗安、汤开建主编：《暨南史学》第三辑，404 页，广州，暨南大学出版社，2004。

为重要登陆地点。10 世纪，至少有四个海上王国（广东南汉国、福建闽国、浙江吴越国及江苏南唐国）一起控制着中国的沿海地区及海外交往关系，形成了一种比较开放的处理海上事务和海外贸易的政策。[①]

作为海洋中国重要部分的华南，其构建的主体包括数量众多的华侨，沿海地区渴望与航海而来的外国商人进行贸易的当地居民，沿珠三角水系、海岸线及海岛生活的水上居民。尤其是自唐代以后，海上民众增长迅速，他们活跃于华南等沿海地区，缔造了海洋中国的冒险精神和人文气息。

2011 年，王赓武教授在中山大学做了一个有关"中国唐代族群和文化关系"的讲座。之后，我陪他到广东阳江南海一号博物馆参观。王教授问我："靠近南中国海下边这些渔民是什么地方的？"我说一部分是疍民，一部分是东南沿海居民，如福建的莆田人等。疍民，亦作蛋民、蜑民，主要分布在两广和海南岛等区域。我的学生区缵曾在海南做过环岛考察，他发现海南岛的疍民的出现不会晚于北宋。当年苏轼被谪贬，责授琼州别驾，移到昌化军安置时，曾称当地是黎蜑杂居；后苏轼得到朝廷命令，从昌化军移回廉州（今广东湛江）居住，过海乘坐的就是疍家船。临行前，苏轼曾写信给秦观，说"余蜑船

① 王赓武：《转型时期的海洋中国》，赵殿红译，见纪宗安、汤开建主编：《暨南史学》第三辑，404~405 页，广州，暨南大学出版社，2004。

多不堪"。如今海南岛的疍民主要分布在三亚、陵水、昌江等地。① 潘英海教授进一步指出，疍民的生计模式是一种"游捞"的生产模式，而疍民是不折不扣的"海上民族"，对此种以海洋为生的人群与社会文化之研究应引起重视。②

在海洋社会与文化研究中，海岛是海洋中国的重要载体，也是陆地中国向海洋中国过渡的重要桥梁，是中国联系东南亚社会的重要中介，当然，同时也是世界走向中国的交通枢纽。例如，广东台山的上川岛，不仅是中国与海外贸易史的重要岛屿，也是早期基督教传播的重要地理坐标。上川岛，早在 16 世纪前半叶，就成为广东境内与西方世界最早来华的葡萄牙商人的非正式通商口岸和居留地。彼时的欧洲航海图称上川岛为"贸易之岛"。现今尚存的花碗坪海滩，得名于海滩上不断被冲刷上岸的瓷器碎片，岛上依稀可见当时繁荣的瓷器贸易。与此同时，上川岛也是基督教宗教地理中的重要一环。耶稣会创始人之一，方济各·沙勿略 (St.Francois Xavier) 在 1552 年第二次登陆上川岛时，希望由此进入中国大陆进行传教。可惜染恙发烧，同年底逝世于上川岛。上川岛逐渐成为基督教徒心中的圣地，不断迎来各国朝圣者。③

---

① 区缵：《海上族群的历史变迁》，载《天涯华文》，2013（1）。
② 潘英海：《疍家物质文明与海洋文化：一个文化生态的视角》，载《天涯华文》，2015（4）。
③ 刘昭瑞：《上川岛方济各·沙勿略墓园散记》，载《寻根》，2006（6）。

在政治与市场的冲击下，上川岛的贸易通道地位逐渐为周边其他岛屿及沿海口岸取代，不过它作为基督教进入中国的宗教地理坐标的意义则不断被提升为一种象征。对于中国，它象征着中国基督教传播的过程与网络；对于欧洲，它象征着基督教的扩张。如果说海是连接陆地中国与东南亚国家的桥梁，那么遍布于南中国海的岛屿则无疑是最坚固的桥墩和驿站。在区域脉络背景下，对这些岛屿进行时间与空间、移民与贸易、信仰与宗教、社会与族群等的多角度考察，将有助于思考海岛作为海洋中国所具有的理论与实践意义。

近年来，我尤其关注海南岛的研究。我在讨论一个问题，海南岛如何能成为一个中国研究的方法论概念？海南岛有这么多的汉人、华侨、少数民族，在中国这么一个多元一体的社会里面，如果能把海南岛这个多元文化的概念了解清楚，对于中国研究的意义非常重大。① 所以，在我们看来，海南岛应该处于全球体系与中国体系相互推动下发展起来的一个特殊的岛屿文化体系。海洋中的族群关系通过岛屿与陆地连接，从岛屿出发，由周边看中心，移民、港口、贸易、信仰、国家、跨国等概念都可以获得新的理解。需要强调，背靠大陆，面向大海的海南岛具有陆海文化之混合、整体性与多样

---

① 参见麻国庆：《海南岛：中国人类学研究的实验室》，载《广西民族大学学报（哲学社会科学版）》，2014（5）。

性、立体且多维等特质，是一个陆地中国走向海洋，走向世界的重要流动枢纽，这也使得海南岛研究具有了方法论价值，我称之为"中国人类学研究的实验室"①。

以海为路，海就变成了"路"。华侨，以及沿海的渔民（疍民）都参与着山海之间的沟通与交流。而南中国海中的海岛，则扮演了"海路"桥墩的角色。离岛相当于海洋生态体系里面的"肺"的概念，所以离岛本身生态的变化和整个海洋生态体系是系在一起的。在现代社会里面，很多有关海洋贸易、海洋经济等的研究，都离不开岛屿。为此，中山大学人类学系至少在海南岛的七个县市设有田野点。经过十几年的研究，我们逐渐感觉到海南岛的研究不能简单地被视为独立的岛屿研究，就像武陵山区、藏彝走廊、南岭走廊的研究不能被简单地看作内部研究一样。海南岛的研究应该是把它和大陆体系、东南亚体系、海洋体系有机地结合在一起的研究，因为海南岛一方面包含着海洋文化因素，另一方面又包含着很多大陆文化的因素。比如，我们在海南岛听到、看到大量关于苏东坡的传说。2013年五一期间，我去了儋州的东坡书院。当地人都把苏东坡当作一个神化的人物，一个流官被大家神化，说明这件事情

---

① 参见麻国庆：《海南岛：中国人类学研究的实验室》，载《广西民族大学学报（哲学社会科学版）》，2014（5）。

本身具有中国文化的政治性。试想，这些地方为什么会把苏东坡神化？因为这些区域社会，相当多的群体是由黎族、苗族还有少数的回族构成的，这些社群在接受汉文化的影响时，要寻求正统性，苏东坡无疑是正统性的代表，是儒家文化的重要象征，所以大家赋予他很多文化标签，这是一个非常有意思的现象。

海上交流体系形成过程中有时伴随着宗教的在地化。中山大学人类学系的熊仲卿博士研究东南亚国家伊斯兰信仰和香料贸易的关系，专门研究香料贸易、当地器物的变化与伊斯兰教之间的关系。[①] 这里的穆斯林商人经过东南亚的沿海、群岛把伊斯兰文化带到非洲，推动了伊斯兰信仰在当地扎根。因此，现在看来，在环南中国海区域，伊斯兰体系成为一个非常庞大的宗教体系。在非洲，肯尼亚很多人信仰伊斯兰教，撒哈拉沙漠以南也有很多信仰伊斯兰的人群。

贸易，尤其是远程贸易，是文化交流的重要方式与媒介。滨下武志教授组织一个研究项目，把整个东亚区域的港口贸易研究结合在一起，关注不同港口之间的联系性。这些联系在历史时期包括在现代形成了巨大的市场网络。这即是滨下

---

① 参见熊仲卿：《亚洲香料贸易与印尼马鲁古群岛的社会文化变迁》，载《中山大学学报（社会科学版）》，2015（3）。

武志所倡导的"亚洲交易圈"的研究视角，将海域带回到问题的中心，将国家相对化；以地域和被设想为地域间移动与交流的媒介领域的"域圈"分析取代国家视角，空间秩序受到前所未有的重视。海域不再是陆地的边界，而是整合地域关系的能量汇聚地与转换中心。不同的政治、经济、文化要素在海域碰撞和交汇，分散的岛屿和陆地则通过港口或开港口岸连接成有机网络。在这个过程中，货物、信息流动过程中的商业、商号和商人成为历史的主角。① 这一网络通过港口得以体现。港口以及港口之间有很多"尖"，它们事实上是岛屿，将岛屿的概念纳入亚洲的海域体系，之后能更清楚地认识岛屿。② 中国是这个海上贸易体系中的重要一环，其中最著名的南中国海贸易通道就是海上丝绸之路。中国的货物，主要是瓷器和香料等，都是通过海上丝绸之路流通出去的。2013 年 3 月，在肯尼亚的曼达岛(Manda Island)发现了一枚明代的钱币——永乐通宝。曼达岛是肯尼亚东海岸拉穆（Lamu Islands）群岛的一个小岛。发现这枚钱币的美国芝加哥菲尔德博物馆(Field Museum of Natural History)非洲人类学馆馆长库辛巴（Kusimba）认为，这枚钱币或可证明当

---

① 参见［日］滨下武志：《中国近代经济史研究：清末海关财政与通商口岸市场圈》，高淑娟、孙彬译，南京，江苏人民出版社，2006。

② ［日］滨下武志：《亚洲价值、秩序与中国的未来——后国家时代之亚洲研究》，15 页，台北，"中央研究院"东北亚区域研究，2000。

年郑和曾到过这个小岛。其实，此前的 2012 年，我与中山大学人类学系朱铁权等老师前往非洲考察时，也到过该岛。当时，我们也发现了一些有趣的现象。这个小岛上有钱人的家里面，地面用景德镇的瓷器装饰，还有很多广彩。这个即便现在依然非常偏僻的小岛，要乘船才能出入的地方，远在明代，就已经和中国发生了密切的交流。和海上贸易同样频繁的是海上的人群的流动。历史上，岛屿内的族群互动是跨国界的，没有今天民族国家的概念。比如，海南三亚的回族是从越南迁过来的。占婆王朝灭亡的时候，很多人流离失所，有的到了柬埔寨，现在依然有四五十万人；有的到了中国的海南岛。我们在民族识别时将他们划为回族。他们聚集在凤凰镇的回新、回辉两个村里，到今天都保留了非常多的伊斯兰文化，村里很多年轻人去沙特等中东许多地方留学。一个村里有 60 多个人在阿拉伯国家学阿拉伯语。他们的很多贸易往来和伊斯兰世界紧密联系在一起。与此同时，内地很多穆斯林到海南岛去布施也聚居在这两个村落周围，内地穆斯林和海上穆斯林之间建立起了联系。

对海洋中国，或者更具体些，对华南与东南亚之间的海域关注，是一种中心与周边的转换视角。王赓武先生从中国儒家的阴阳转换来说明这个道理："中国人干与湿和谐统一的传统观念似乎表明中国完全可以在陆地世界和海洋世界取得平衡。这也意味着他们在陆地上形成的精神和物质风俗习惯，同样也可以适用于水上。"[①]

（四）作为过程的界与跨界

从华南到东南亚的联系之所以能够成立，是因为二者之间人的流动建构了各种网络。借着华侨华人的往来流动，一个具有巨大张力的网络被构架出来，诸如妈祖信仰的传播，冼夫人信仰的传播，粤剧的海外演出与传播，以伊斯兰教信仰为中心的网络与人口流动，以丝绸、瓷器、香料、橡胶为代表的商品双向流动等均是框架内的重要内容。我们认为，只有把从华南到东南亚的华人社会的研究作为一个完整体系，从社区到区域再到国家或国家之间的合作的空间整合来考虑，才能达到新的学术视野高度。从纵向来看，应将这一区域内人的流动视为一种"过程"，对此的考察也应被视为一种"过程研究"。这基于两点考虑：第一，华南移民从祖籍地到海外移民地的迁徙是一个历史过程，也就是说，我们需要强调和关注这个过程中所体现的"时间序列"。第二，华侨在华南和东南亚之间的流动是多变的、复杂的、情境化的。归侨、难侨和华侨农场的研究说明，华侨也有回归的现

---

① 王赓武：《转型时期的海洋中国》，赵殿红译，见纪宗安、汤开建主编：《暨南史学》第三辑，404 页，广州，暨南大学出版社，2004。

象。华侨华人的流动从来不是单向的和清晰的，只有把华侨华人流动视为一种复杂的过程，才能真正理解和解释这一过程中的社会文化机制。

从横向来看，我们尤其要重视华侨华人流动的复杂过程中的"界"与"跨界"的问题。之所以将"界"与"跨界"放在突出位置，也是基于两点考虑的。第一，华南和东南亚的网络体系显示，源自同一祖籍地的华南移民，因移居地人文环境的差异，亦即"界"的存在，而呈现出不同类型的调适形态。第二，"界"代表的并不是一条明晰的界限或障碍，而是一种接触、互动、交流、碰撞乃至融合的状态或场域。刘宏用"接触区"(Contact Zone)的概念生动描述了"界"的特性，他据此建构起"中国—东南亚学"(Sino-Southeast Asian Studies)，用以系统研究中国与东南亚之间长期互动的动力、进程和后果；关注货物、资本、信息和人口的双向流动，并且着重探讨这些互动关系如何产生新的社会文化与政治经济格局及其对国内、区域和全球的影响。① 从这个角度看，"界"的存在也意味着"界"的跨越，如跨越华南和东南亚之间的"界"的华侨。

华侨的流动是一种双向的流动，特别是在政治等因素的

---

① 参见刘宏：《中国—东南亚学：理论建构·互动模式·个案分析》，北京，中国社会科学出版社，2000。

影响下,部分华侨选择回归原居地。但是,他们通常面临着"回不去了"的客观实际,他们无法回到原居地生活,只能被所在国政府集中安置。"回不去了"的另一层含义是,他们在东南亚已经习得(或基本习得)当地生活方式,当他们回到大陆时,需要再次适应。从这个意义上讲,他们面临再一次的"华侨化"。我想以两个广东的华侨农场为例,说明这一问题。奈仓京子在博士论文中关注粤海湾华侨农场。这是一个在地方政府规划下,由具有归侨身份但来自不同侨居国、操不同语言、拥有不同文化背景的异文化群体和一定数量的本地人混合组成的多元移民社区。作者通过对该地的考察,认为适应研究中的"移民—当地居民"二元对立或融合的理解框架有一定局限性。我取而代之以"多元社区"的概念,试图以此把握当地高度复合型的群体关系以及由此产生的一系列内部传统调适机制和整合机制。在粤海湾华侨农场,形成了以印尼归侨为主导群体的多元涵化样态。政治经济层面上,存在不平衡、内部分化、形成新群体等多种变化;文化层面上,群体之间互相交流并接受对方文化元素,但又保持足够的边界和独特性。总体来讲,归侨群体本身不是单一的,而是多元的,具有明显的"边界"。^①与此不同的是,姚俊

---

① 参见〔日〕奈仓京子:《"故乡"与"他乡":广东归侨的多元社区、文化适应》,北京,社会科学文献出版社,2010。

英关注的越南华侨农场的居民则长期处在一种"越界"的生存状态之下。这些归侨在越南生活时间达几百年，对越南已经有较深的认同，在越南排华政策下，他们选择回归祖国。但是，他们也面临"回不去了"的问题，较难适应政府安置下的生活方式。在这种背景下，较多越南归侨选择跨国再流动，为此甚至铤而走险，非法偷渡。在这种频繁的空间"越界"的基础上，越南归侨的社会关系也有极强的"越界"特性，这表现为较多的跨国婚姻和家族关系的国际化。在这种"越界"实践之下，越南归侨也实现了身份认同的"越界"，其身份认同具有多重性特征。[①] 在广东、福建的乡村，我们会发现很多华侨的影子。广东开平有很多碉楼，它们的主人不少是去美国、非洲、拉美等地谋生的华侨，他们赚了钱之后给当地盖了碉楼。碉楼建筑和岭南建筑共同的特点是防御性非常强，可以有效防范土匪抢劫，由此形成的碉楼文化已成为世界文化遗产。从开平的碉楼建筑可以看到，那个时候的侨乡社会和中国人的家乡观念是连接在一起的。这又涉及挥之不去的民族文化区域的概念。我们在研究这些区域时，一定要关注它的社会结构。有别于社会学的社会结构概念，人类学的社会结构概念本身强调它的内在性的特点，即以家

---

① 姚俊英：《越界：广州 H 华侨农场越南归侨跨国流动研究》，见麻国庆主编：《山海之间：从华南到东南亚》，208~219 页，北京，社会科学文献出版社，2014。

庭为基础的社会结构特点，包括宗族、亲属关系、社会团体、社会组织等，这些都是社会结构研究的非常重要的概念。在侨乡研究中，家的概念是研究中国侨乡社会的重要基础。在现在的华侨华人社会里面，"五伦"以及背后的"家"的观念依然影响着人们。中国人是有祖宗、有子孙的民族，上以祭祖先，下以传后代。有的西方学者认为中国的拜祖先观念是功利性的，建祠堂、祭拜祖先牌位是为了祖先能够保佑后世，不拜祖先的话，祖先则惩罚他们，所以拜祖先是功利性的，缺乏情感性。[①] 而中国的学者认为它是赋予内在情感的，并不是一个简单的功利性的观念。这也涉及关于中国延续性的讨论。今天中国很多学者说中国是一个文化断裂的社会，经历"文化大革命"等重大历史事件后，中国文化断裂了。但是，中国社会中的中国文化是否真的断裂了？1949年后，包括"文化大革命"后，中国的很多乡村社会并没有发生文化断裂。比如，改革开放后，美国著名人类学家波特夫妇在广东东莞做了近两年的田野调查后，出版了《中国农民：革命的人类学》一书。波特夫妇得出的结论为："中华人民共和国成立后的36年里，从1949年到1985年，虽然在增埗有很多表面上的流动和变化，但是给我印象最深的还是显

---

① 相关讨论参见 [英] 莫里斯·弗里德曼：《中国东南的宗族组织》，刘晓春译，111~114 页，上海，上海人民出版社，2000。

著的延续性。婚姻的模式有一些改变但不是根本的改变；家庭和宗族的形式大致上仍保持着原来的样子；宗族在表面上有些改变，但是深层的结构特点在经历了毛泽东时代以后仍然被保留了下来；甚至外表象征系统，如坟墓、祠堂、龙舟赛等，在毛泽东之后的时期已经出现。传统的宗教和巫术信仰都卷土重来，在我看来，它们在内容和内涵上与中华人民共和国成立前是一样的。"[1] 韩敏在安徽调查的结果显示：社会结构和文化经历晚清时期、民国时期、毛泽东时期和毛泽东之后的时期，仍体现出了延续性。[2] 而孔迈隆在讨论中国家庭和现代化的论文中，把家庭的理想、观念和价值等进行分类，其中一种为"终极期望"，如家庭的大小及其延续；一种为"生活经营"，紧密连接着传统社会秩序和实际生产组织的。他的结论也强调传统的延续性特点，如认为"现代化不是全盘否定传统模式……'生活经营'和'终极期望'都表示广泛的价值观和行动的安排；至少在某些方面两者都含有不但与现代化相符合甚至有帮助的因素。现代化会引起两者大小不同的变化，但文化变迁是新旧的混合，所以结果

① 参见 Sulamith Heins Potter and Jack M. Potter, *China's Peasants: The Anthropology of a Revolution*, Cambridge, Cambridge University Press, 1990。
② 参见韩敏：《回应革命与改革：皖北李村的社会变迁与延续》，南京，江苏人民出版社，2007。

仍是具有特殊的文化色彩"①。这种社会结构的延续性与其文化上的承继性是有机地结合在一起的。特别是家的文化的战略机制，使这一承继性的特点已经自然地打破了传统与现代的二分模式。事实上，中国的传统一直在延续。这其实与中国的社会结构有关，中国社会是一种纵式延续性的社会，即一个有祖先也有子孙的社会。而这种文化，最重要的就是儒家文化传统。其中的核心价值观念就是"家"。这一延续的概念，对于海外华人社会的研究非常重要。当然，延续的家的概念里面有很多的含义，其中一个就是对家乡的概念，在海外华人社会中它可能不一定是家族，这时候认同可能通过同一个姓、同一个宗亲或者通过区域语言来维系。

生活在东南亚等海外的华裔族群经历着长期的认同变迁。一般而言，第一代华侨对中国的认同较深。陈杰在其博士论文中关注了海南侨乡的华侨家庭问题。他发现，"两头家"是第一代华侨惯常采用的家庭策略。② 由于生于国内，受儒家"孝"传统及祖先崇拜观念等的影响较深，他们在下南洋前或积累足够金钱后回国娶亲，国内的妻子通常为正室。但

① ［美］孔迈隆：《中国家庭与现代化：传统与适应的结合》，见乔健主编：《中国家庭及其变迁》，15~23页，香港，香港中文大学社会科学院暨香港亚太研究所，1991。
② 参见陈杰：《两头家：华南侨乡的家庭策略——以海南南来村为例》，博士学位论文，中山大学，2008。

是，华侨大部分时间都不在故乡，他们便常在居住国另娶妻子，是为侧室。可以说，"两头家"是第一代华侨在儒家文化传统和现实生存需求之间的一种适应性抉择。第二代之后"两头家"的现象就基本不存在了。现在，经过较多代际繁衍，华人的认同出现了多元复杂的局面。陈志明指出，虽然华人对中国、中国文化、中华文字等感兴趣，但是这并不代表他们认同中国。这种对中华文化的兴趣实际是受"文化关联"的影响，类似讲英语者对英美文学的兴趣一样。因此，需严格区分文化认同与国家认同的关系。换言之，在东南亚的土生华人，其国家认同方面通常是其出生的国家，而非中国。[①]移民是个持续过程。改革开放以来的几十年里，大量中国新移民移居海外，其数量估计达千万之多。这一过程与全球化进程的深入，华人资本、技术与劳动力在全球范围加速流动关联在一起。[②] 其中，劳动力移民受到关注，国家与移民劳工的矛盾日益突出。此外，新老华侨华人在文化、国家、族群等方面的认同面临着新的碰撞、抉择与适应等诸方面的新问题。

---

① 陈志明：《华裔族群：语言、国籍与认同》，载《广西民族学院学报（哲学社会科学版）》，1999（4）。
② 庄国土：《回顾与展望：中国大陆华侨华人研究述评》，载《世界民族》，2009（1）。

（五）结语：跨越山与海的东南亚研究

从广义上看，东南亚是受中国儒家文化圈影响的地区。这不仅仅体现在众多侨居东南亚的华侨华人身上，即便不是华侨华人，其文化亦能发现较多的"中国因素"，这主要体现为儒家文化。通过对东南亚社会文化的考察，从周边看中心，能够有助于我们更清醒和深刻地认识中国。在关注文化研究面向的同时，人类学的视角提示我们，指导人们行为的原则或规范的"社会结构"，在一定程度上，对经济与文化的发展走向起到了很重要的作用。因此，在中国及受中国文化（主要是儒家文化）影响的国家和地区，仅仅讨论文化意义上的儒学概念是远远不够的，还需要将其与社会生活中最具典型性、稳定性和内在深层意义的具体的社会结构结合起来进行讨论，即把人类学文化研究的取向和社会研究的取向有机地结合起来。在这个过程中，我们不仅要有从中心看周边的视角，更应从周边来看中国的社会与文化。与此同时，可以进一步思考萧凤霞教授所提出的作为"过程的中国"在全球化背景下的内涵和意义。当然，这不是说东南亚就是"另一个中国"的"海外版本"。东南亚社会有其独特性。东南亚各国在政治、经济、文化、民族等方面都存在复杂的差异性，对这些差异性的深入探讨和解释是东南亚研究的重要课题。我们在讨论东南亚的华侨时，不能忽略长期居住在中国的苗、瑶等山地民族，他们中的一部分也迁居到东南亚社会，在那里调适并发展。

东南亚研究超越"山"与"海"，其实是相对于地理上的华南来讲的。但是，从学理上说，东南亚研究对于华南的山海文化不是"超越"，而是提升与深化。一方面，东南亚多山地，且临海，东南亚研究自身也就有"山海"特征；另一方面，东南亚位于儒家文化的辐射圈中，儒家文化跨越中国西南的崇山峻岭，对东南亚文化产生了很大的影响。此外，随着中国的经济发展，中国—东盟自由贸易区成立后，中国与东南亚的联系更加形成了"你中有我，我中有你"的经济、政治、文化新格局。特别是随着当下我国政府提出"建设21世纪海上丝绸之路"的宏伟蓝图，中国与东南亚的人文交流成为新的跨国流动、跨社会领域研究的重要场域。接下来我们将会从动态的角度深化东南亚地区的社会文化研究，推动跨国区域研究成为中国学术的一支重要力量。特别是在华南和东南亚互动关系的研究中，"从中心看周边"和"从周边看中心"的双重视角，将有利于我们更加清楚地理解山海之间的华南、西南和东南亚社会之间的有机联系和文化脉络。

（本文原刊于《世界民族》，2016年第6期）

◎ 与世界同步的日本人类学 *

对于中国和日本而言，人类学都是舶来品，只是因历史和社会文化背景不同，相较而言，日本人类学更加靠近以英美为主导的世界人类学知识体系。故而，中国人类学在大规模学习、借鉴西方人类学经验的同时，也受到日本人类学的深刻影响。

1884 年，以坪井正五郎为核心的日本人类学会的建立昭示着日本人类学的发端。彼时的日本人类学研究内容庞杂，其学科特点是以人种学为核心，形成自然科学、医学、考古学、民俗学、人种学与体质人类学的互动和统一，热衷于研

---

* 本文为麻国庆、周星主编"日本现代人类学译丛"（北京，商务印书馆，2019）总序。

究日本民族起源问题。这一时期的另一位代表人物鸟居龙藏更是引入西方人类学的实地调查方法，开始在东亚和太平洋岛屿展开田野调查。坪井去世后，日本人类学分化，日本人类学会成为专门的体质人类学研究部门，而民族学、人类学、史学相关学科的学者，如冈正雄、江上波夫、岩村忍等则于1925年成立了APE（Anthropology, Prehistory, Ethnology, 人类学、史学学、民族学）会，创立学术期刊《民族》，成为具有人文学科色彩的日本文化人类学前身，后因与民俗学者柳田国男在学术理念上的分歧，文化人类学与民俗学日益分离，前者更强调海外民族文化研究，后者则倾向于国内研究，但日本人类学身上的民俗学烙印依然深刻。

中日甲午战争之后，日本开始在海外扩展自己的势力，具有人文学科倾向的文化人类学越来越受到重视。直至第二次世界大战结束，日本人类学的研究都与军方有着不可否认的密切关联，这使得日本人类学从建立时起就被打上了帝国主义和殖民主义的烙印。但在理论和方法上，这一时期的日本人类学受到了欧美人类学，特别是欧洲大陆人类学的很大影响。其研究也进一步系统化、组织化，标志就是1932年日本民族学会的建立以及人类学研究机构在大学的设立。当时，日本人类学在理论上受人类学结构功能主义的影响很深，将人类学视为一种应用科学。到了20世纪30年代中期，随着日本军国主义的扩张，日本人类学对殖民地的实证研究进一步深化,对中国台湾地区、中国大陆、朝鲜与南洋群岛的研究成为重点。因应战争需要,日本人类学还建立了很多相关的研究机构,如日本文部省民族研究所、财团法人民族学协会、"满铁"调查委员会、太平洋学会、学士院东亚民族调查室、东京大学东洋文化研究所、蒙古善邻协会西北研究所等。这些组织积累了很多田野调查资料,成为认识和了解海内外传统社会的重要材料。

第二次世界大战结束后,日本人类学进入过渡时期,这一阶段一直持续到20世纪70年代。过渡时期的日本人类学有如下几个特点:一是对军国主义时期的人类学做了反思,为了摆脱其殖民主义色彩的诟病,研究更倾向于对纯粹学理的追求;二是对侵略战争时期的一些调查资料进行了整理、研究和出版,如《惯行调查》就是这一时期的重要成果;三是战争期间常用的"民族学"一词在大学的体制内开始改为"文化人类学"(如在东京大学)、"社会人类学"(如在原东京都立大学)或"人类学"(如在南山大学)这样的表述。欧美人类学的大学制度由此开始导入日本,欧美人类学的理论也进一步影响到日本学界。在这个时期,特别是20世纪60年代末期以后,由于日本经济的高速增长,日本企业在海外市场的拓展,各种海外研究经费大量增加,日本人类学者开始对世界各地开展调查和研究,这一状况一直延续至今。

综观日本人类学从发轫到 20 世纪 70 年代近百年发展历程，其研究成果主要有三类。第一类是在日本以外的地区进行实地调查，并以此为基础形成的研究成果。其研究区域涵盖东亚、印度、东南亚、非洲、波利尼西亚、拉丁美洲乃至北极等地区。第二类是仅限于日语语区的实地调查研究，主要是日本农村和冲绳岛研究以及北海道的阿伊努民族研究。可以说，日本农村社会为日本人类学提供了大量与民俗学、乡村社会学和乡村历史经济学等相关学科的共同研究课题。第三类是虽不一定做过实地田野调查，却通过比较的方法来收集资料进行对比分析研究的成果。这些学者在引介西方学术成果方面起到了不可替代的作用，如冈正雄、石田英一郎、泉靖一等。日本高效译介西方经典的传统也在这一时期开始形成。

20 世纪 70 年代以后，日本人类学的海外民族志调查逐步遍及世界大部分国家和地区，人类学的分支学科也逐渐多样化，至 1984 年，日本人类学的研究就已包括宗教人类学、经济人类学、政治人类学、法律人类学、心理人类学、教育人类学、都市人类学、语言人类学、象征人类学、认知人类学、生态人类学、医疗人类学、影视人类学、艺术人类学、女性研究等 20 多个领域。与早期研究相比，其学科更加成熟，与国际人类学的潮流更加接近，海外社会研究也成为研究主流，只是与欧美人类学历来所进行的海外调查相似，都以各自原有的殖民地为调查中心，但性质已完全不同。

这一时期的日本人文社会科学已经深谙欧美理论生产机制，并开始运用这一机制生产自己的理论。所以在相当长的一段时期里，日本学界一直在西方的话语体系中进行思考。近一二十年来，随着亚洲各国经济的快速发展及国际社会地位的提高，各国在经济、文化方面的频繁交流，以及全球化进程的进展，日本人类学者一方面进一步强调跨学科、跨地域研究以及与周边社会文化的比较研究，关注国际网络中的日本人类学应该如何展开与周边国家和地区的对话，开始重新思考亚洲知识共同体的文化价值，对原有研究进行反思，更加关注对本土社会的研究以及对移民与跨境问题的研究。另一方面，在年轻一代的学者身上出现了重视理论创建的倾向。日本人类学一直有着重田野调查轻理论研究的倾向，近些年来，在年轻的人类学者身上，则出现了强调与世界人类学公平对话，在充分运用西方人类学理论的基础上，运用扎实的田野调查资料，创建自己的理论来发展人类学研究的倾向。

人类学的研究目的何在？或许可以说，就在于推动民众提升有关文化多样性、文化交流、族群和睦、守护传统文化遗产、消除文化偏见的意识，促使民众理解世界上各种他者的文化与文明，或者更简单地说，就是翻译、解说和阐释他者文化以增进相互了解，消除隔膜与误会。日本人类学在应用研究方面一直有着缺乏规模和力度的诟病，但这并不影响其成为我们进一步展开研究的基础借鉴。人类学的研究成果应该是共享的，这样才能够加速世界各国各地区的相互认知与了解，而语言是学术沟通的重要桥梁，译介是沟通的方式之一，只有将更多优秀的日本人类学研究成果汉译，才能更快更有效地达到如上目的。

目前，中国学界有关日本文史哲研究的汉译作品虽较多，但人类学领域的译介却比较少，特别是对于日本人类学近年来的理论和田野研究进展状况的介绍，其数量更是微乎其微。所以，本丛书的出版意在推动中国读者对于日本人类学的广泛认识与了解，更希望其能够对中日文化之交流起到积极的促进作用。

◎ 附录一
中根千枝先生小传*

中根千枝，1926 年 11 月 30 日出生，日本社会人类学家，主要研究领域为印度、西藏、日本的社会组织。日本东京大学名誉教授，东京大学首位女教授，日本学士院首位女委员，第一位因学术成就而荣获日本天皇亲自授予文化勋章的女性。英国人类学民族学联合名誉会员，国际人类学民族学联合名誉会员。

---

* 本文主要根据中根千枝、関本照夫、伊藤亜人、清水展、横山広子《学問の思いで——中根千枝先生を囲む》(学问的追忆——以中根先生为中心)（東京：東方学，2010）pp.151-190 以及相关资料翻译整理而成。在整理过程中，我的硕士生邵思逸做了很多工作，特此致谢！

（一）主要生平

中根千枝 1926 年出生于东京都丰多摩郡户塚村（现属新宿区），小学高年级开始在北京生活了六年。回国后，完成东京都立第八高等女子学校以及津田塾专业学校外国语专业的学业后，进入东京大学文学部东洋史专业，开始本科和硕士的课程学习。在经历从日本东北到鹿儿岛的农村调查后，中根千枝前往世界各地开展人类学研究。1953 年开始在印度从事三年的调查，1959 年至 1962 年，前往芝加哥大学、伦敦大学、意大利等地研究和学习。中根千枝整理了对印度内地阿萨姆地区的探险和调查材料后，于 1959 年出版了《未开的脸与文明的脸》（麻国庆、张辉黎译，济南，山东画报出版社，2001；北京，商务印书馆再版，2018），并荣获当年"每日出版文化奖"。

中根千枝回到日本后，受到《中央公论》杂志的撰稿邀请，决定以《随处可见的日本集团结构》为题撰写系列文章，最后在完成对这些文章的整理和修改后，于 1967 年出版了《纵向社会的人际关系》（陈成译，北京，商务印书馆，1994）。截止到 2015 年，该书共印刷 124 次，成为销售 116 万册的畅销书。另外，在英国出版的英文版也被翻译成 13 种语言，成为世界各国读者了解日本社会的必读之书。

作为一名女性，中根千枝在当时的日本社会获得了极高的成就，她是东京大学第一位女副教授、教授，国立大学研究所（东京大学东洋文化研究所）第一位女所长，日本学士院第一位女委员。1990 年获"紫绶褒章"，1993 年获"文化功劳者"称号，2001 年获"文化勋章"。

（二）学术经历

学者的学术道路是人生道路的一部分，不同人生阶段的经历和选择铸就了学者的学术之路。很多看似不起眼的瞬间影响了学者一生的思想和前行的方向。

对于中根先生而言，小时候在北京的异文化体验虽然没有直接促成她走上人类学的道路，但在北京她看到街头形形色色的"小人物"，甚至有饿死街头的乞丐，剧烈的反差促使她思考社会的多元化，这帮助她形成了包容的性格和开放的胸怀。正如她曾说过："民族学是一门需要有特殊天分方能获得研究成果的学科……而所谓民族学研究的特殊天分，首先必须是没有偏见、不是神经质的人；他能不凭个人的爱憎，理智地去判断，而不是草率地去作结论；要有勇往直前的精神，同时又要有善于适应的能力……"① 这样的特殊天

---

① ［日］有马真喜子：《中根千枝——日本社会人类学家》，王恩庆译，载《民族译丛》，1980（1）。

分，在我看来，中根先生早年就已拥有。

中根先生在与其学生谈话时曾提到，在北京，一次放学回家的路上看到两头骆驼，因为在来北京前她就对远离海洋的内陆产生了浓厚的兴趣，所以看到骆驼马上就联想到它们一定来自内陆，所以觉得北京是一个可以去往内陆的地方。① 这样的经历也为中根先生此后心系中亚，一定要前去探险和研究埋下了幼小的种子。

在北京女子高等学校的最后一学年，中根先生回国进入东京都立第八高等女子学校（现在的八潮高中）学习。当时中根先生正在读一些斯文·赫定（Sven Hedin）② 的著作，认为比起单纯的探险，还是将它建立在认真研究的基础上比较好，所以开始勤奋学习。之后，中根先生没有选择女子师范学校或医学院，而是进入了津田塾专业学校的外国语专业，她认为好好学习英文对以后去中亚或其他地方一定有帮助。这个选择对中根先生的一生有很大的影响，不仅成为她后来考取东京大学的筹码，还为她在世界各地学习、研究、任教、出书打下了坚实的语言基础。

在津田的第二年，二战结束，东京大学开始招收女学生。中根先生决定用一年时间准备考试，考取东京大学。当时她

---

① ［日］中根千枝、関本照夫、伊藤亜人、清水展、横山広子：《学問の思いで——中根千枝先生を囲む》，153 页，東京，東方学，2010。

② 斯文·赫定（1865—1952 年），瑞典籍著名探险家，地理学家，摄影家。

也受到了堀一郎老师的鼓励，成为进入东京大学的 18 名女生中的一名。（当年东京大学录取了 6 000 名学生。）在选择专业时，中根先生不忘最初想去中亚的梦想，选择了能够前往中亚的东洋史专业。①

在大学期间，中根先生了解到研究中亚必须学习多门语言，但由于恰巧碰到一些不利的客观因素，最后不得不放弃。在阅读中亚研究文献的过程中，她发现与中亚研究相比，西藏研究比较少，所以决定研究西藏。中根先生主要通过阅读朱塞佩·图齐（Giuseppe Tucci）的三册《西藏画卷》（*Tibetan Painted Scrolls*）学习西藏的历史和文化，通过阅读罗列赫（George N. Roerich）译注的《青史》（*The Bule Annals*）学习西藏的佛教史。中根先生还曾写信给罗列赫先生，请求向他学习，罗列赫先生回信说只要中根先生来印度，随时可以教她。当时恰逢日印建交，中根先生通过考试，成为第二位获得印度政府奖学金留学印度的日本学生。②

中根先生最初并不了解有人类学这一专业，与人类学的相遇是出于她对自身经历和学术的反思。在东京大学东洋史专业的学习过程中，中根先生发现研究中国史的老师们对中国的印象与她在北京看到的、感受到的完全不同，因为老师

① ［日］中根千枝、関本照夫、伊藤亜人、清水展、横山広子：《学問の思いで——中根千枝先生を囲む》，154 页，東京，東方学，2010。
② 同上书，155~156 页。

们是根据文献来研究中国，但是中根先生认为这样无法了解真正的"活的社会"。于是，中根先生开始查找什么学科是研究"活的社会"，最后她发现是人类学。但当时东京大学的人类学系属于理科部，所以她马上去旁听须田昭义先生的体质人类学课和杉浦健一先生的土俗课。在旁听的过程中，她认识了人类学专业的祖父江孝男。正好当时要召开日本民族学会，经山本达郎和江上波夫先生的介绍，中根先生前去参加，认识了许多民族学界的先生。[1] 这个转变使得中根先生走上了人类学的研究之路，而且从一开始中根先生就意识到不能依赖文献，而是要采取实地调查的方法对当地社会展开研究。中根先生取得硕士学位后，成为东洋文化研究所第一位女助理员。当时在教授讨论会上有很多反对的声音，认为女性助手即使经过训练，结婚后一切努力也都会付之东流。但时任文学部长和东洋文化研究所所长的辻直四郎先生力挺中根先生，认为她一定会不负众望，最终中根先生还是成了东洋文化研究所的助理。[2]

1953 年 6 月，中根先生拿着印度政府给的奖学金前往印度。因为想求教于罗列赫先生，所以中根先生花了半年时间住在罗列赫先生所在的边境小镇卡林朋，向罗列赫先生请

---

[1]　［日］中根千枝、関本照夫、伊藤亜人、清水展、横山広子：《学問の思いで——中根千枝先生を囲む》，156~157 页，東京，東方学，2010。

[2]　同上书，158 页。

教，并学习藏文文献。同时，经冈正雄教授的介绍，中根先生来到了印度政府设立于加尔各答的人类学研究所，并结识了所长古哈（Biraja Sankar Guha）先生。当时，印度的人类学研究所汇集了英、德、意等各国的民族学家，由于是政府设立，因此研究所规模较大而且十分气派。该人类学研究所设立了一支未开化民族调查队，中根先生应所长的邀请也加入了他们的研究团队。中根先生的第一次未开化民族调查，是在阿萨姆地区南部的特里普拉邦，这对于中根先生而言是一次有趣且宝贵的经历。这次调查很有印度特色，由几名研究者和几名仆人组成，很多搬运的重活以及做饭等杂事都交由仆人负责，研究者在体力上较为轻松。通过这次调查，中根先生知道了所谓调查应如何进行，要带些什么东西，这些都为她今后的调查打下了基础。[①] 中根先生住在卡林朋时，跨越国界还比较自由，中根先生也与几位西藏贵族小姐成了好朋友，但是加尔各答的总领事听说她要正式去西藏时，告诫她不得越过国界，因此中根先生前往西藏调查的愿望破灭，只能在锡金一带进行调查，对当地的那加人展开了研究。与此同时，中根先生结识了她在加尔各答人类学研究所的同事阿苏多什·巴塔查雅（Asutosh Bhattachayya），阿苏多什教

---

① ［日］中根千枝、関本照夫、伊藤亜人、清水展、横山広子：《学問の思いで——中根千枝先生を囲む》，158~159 页，東京，東方学，2010。

授是一位十分有教养的婆罗门，从他口中，中根先生了解了很多印度文化，由此也渐渐对印度产生兴趣，在阿苏多什先生的介绍下，中根先生认识了很多印度朋友，也开始正式涉猎印度研究，对印度的一些村落展开调查。①

印度政府奖学金为期两年，在第二年快要结束，中根先生准备回国之时，刚从田野回来的她与隔壁办公室的瑞典基督教女青年会（YWCA）的一位女士安德琳（Dr. Andrea Andreen，后来才知道该女士是一位医学博士）分享了自己的田野经历，没想到这位女士发邮件给瑞士财团介绍了中根先生的情况，请求对方予以资助。正巧瑞典财团在斯德哥尔摩进行审批奖学金时，东京大学校长茅诚司也在现场，当被询问中根千枝是否是一名优秀学者时，校长的肯定使中根先生获得了财团的奖学金。因为 YWCA 的奖金是提供给研究女性的学者，所以当时财团要求中根先生研究印度的女权制，但由于印度没有女权制，只有母系制，所以在之后的一年中，中根先生主要研究母系社会的卡西人（Khasi）和噶罗人（Garo，又称加罗人），以及南印度的纳亚尔人（Nayar）。虽然研究的是母系制度，但中根先生认为不应该仅仅围绕亲属制度展开研究，因为在清楚地把握这些族群的社会结构前，

---

① ［日］中根千枝、関本照夫、伊藤亜人、清水展、横山広子：《学問の思いで——中根千枝先生を囲む》，159~160 页，東京，東方学，2010。

不仅要研究他们的亲属制度，还要对他们的阶层以及其他变化的过程一一展开调查。①

在结束印度母系制度的调查后，中根先生本以为可以回国了，没想到财团方面提出再请中根先生研究一年，这次中根先生提出想去欧洲撰写论文，所以对方就引荐她前往当时世界人类学最发达的伦敦政治经济学院，在弗思（Raymond Firth）教授门下学习。

弗思教授主持的"席明纳"（seminar）在当时人类学界有很大的影响力，这对中根先生的学术生涯也产生了极大的影响。正是因为这个十人左右的"席明纳"，中根先生才下决心要成为一名学者，一名社会人类学家。根据中根先生的回忆，参加弗思教授讨论会的学生来自世界各国，没有做过田野调查的学者没有参加的资格。当时的日本社会科学界一般先参考欧美著名学者提出的理论，以此为依据探究自己的问题。但弗思的研讨会则是完全不同的学术路径，他们以学者自身精细的田野调查为前提得出的不同材料为基础，再建立他们自己的理论。研讨会上，每位学者提出以田野调查资料为依据的理论化论述时，其他的学者都会提出很多不同的意见，老师也会提出十分尖锐的问题，而且常常让学生们

---

① ［日］中根千枝、関本照夫、伊藤亜人、清水展、横山広子：《学問の思いで——中根千枝先生を囲む》，160~162 页，東京，東方学，2010。

采用使他人更能理解的方式表达自己的观点。在"席明纳"上，中根先生学到了很多实用的研究方法，第一次感受到将此作为一生的研究对象是一件多么美好的事情。

是年年末，意大利中远东研究所（ISMEO）所长朱塞佩·图齐教授邀请中根先生前往意大利罗马的中远东研究所学习和研究。在图齐教授家中，中根先生接受了他半年的指导。事后她才知道这是山本达郎教授所安排。没过多久日本方面发来通知，因为中根先生在国外已满四年，所以要求她尽快回国。这四年间，中根先生没有回国一次，因此这次决定回国。①

中根先生回国后，回到东京大学教授文化人类学课程，半年后从助理晋升为讲师。回到日本开始教书后，中根先生感受最深的是研究生们在田野调查之前就能够阅读很多书，而且不会感到疲惫无趣。她认为，没有田野调查的基础，看书会比较辛苦，而且所理解的书中观点很可能与作者想要表达的不同。②

1959 年，中根先生收到芝加哥大学的邀请函，经过一些波折后，获得东京大学批准。一年的讲学结束后，伦敦大学东方与非洲研究院（School of Oriental and African Studies，SOAS）又邀请中根先生去伦敦大学讲授印度研究

① ［日］中根千枝、関本照夫、伊藤亜人、清水展、横山広子：《学問の思いで——中根千枝先生を囲む》，162~164 页，東京，東方学，2010。
② 同上书，164~165 页。

的课程。当时的芝加哥大学和伦敦大学的人类学系都在发展的黄金期，人才辈出，研究和讨论气氛十分活跃。在伦敦期间，中根先生完成了之后在伦敦和巴黎出版的两本书稿。①

从上述的学术经历可以看到，中根先生扎实的田野调查是她自如地与世界各国学者讨论人类学问题的基础，同时重视田野调查也是贯穿中根先生学术思想的一条主线。回国后，中根先生推动以田野调查为基础的人类学学科建设，认为文献的阅读在什么阶段都可以开始，但田野调查必须扎实进行，这对于文献阅读和理解也有很大的帮助，是社会人类学学科建立的基础。中根先生教导学生在田野中"能吃得饱睡得香，不会生病，不要为将来的事情烦心就没问题"，"总之，先去下田野，与当地人友好相处，即使调查没什么进展也没关系，只要在那里就好。到回国前一两个月，你所调查一年的成果才会显现"。中根先生还强调要学习当地人的语言，与研究对象保持长时段的联系等。②

1961年，中根先生从伦敦大学回国后，收到了《中央公社》杂志的撰稿邀请，没有主题限定。当时因为刚回国，觉得日本有很多新鲜有趣的地方，因此决定写作关于日本社会的事，这便是后来《タテ社会の人間関係》（中译本为《纵

---

① ［日］中根千枝、関本照夫、伊藤亜人、清水展、横山広子：《学問の思いで——中根千枝先生を囲む》，165~166 页，東京，東方学，2010。

② 同上书，167~169 页。

向社会的人际关系》，陈成译，北京，商务印书馆，1994）一书的源头。之后有很多国家的出版社要求将该书翻译成他们国家的语言，因为考虑到从日语翻译成英文比较困难，所以中根先生利用在夏威夷东西方研究中心的时间，亲自将该书翻译成英文版的《日本社会》（*Japanese Society*），该书后来成为畅销国内外的社会人类学著作。① 对比英国的亲属制度研究与中根先生提出的纵向社会中的世代交替和传承，可以看出他们不同的研究视角，前者主要从亲属集团和亲属关系入手加以研究，后者从生活共同体的家户入手讨论。中根先生刚到伦敦时，当地的学者不能理解她所说的"家户"（household），因为一般的英国人没有这种概念，英国本身也不是一个重视亲属制度的社会，这与日本和中国不同。所以同样研究亲属制度，可以有不同的切入视角。②

从印度到日本，扎实的研究使得中根千枝先生常常被认为是亚洲研究的专家，但对于"亚洲"这一概念，她有自己的看法。中根先生认为中国、印度、阿拉伯国家各自可以成为与欧洲匹敌的存在，而且日本与它们也是完全不同的社会，所以将这些完全不同的社会一同并入"亚洲"的框架中并不合适。③ 当被

---

① ［日］中根千枝、関本照夫、伊藤亜人、清水展、横山広子：《学問の思いで——中根千枝先生を囲む》，173~174 页，東京，東方学，2010。
② 同上书，180 页。
③ 同上书，174 页。

问及对韩国社会的印象时，中根先生认为韩国与日本一样有大陆性，但与日本很不同的是，日本社会比较强调上下传承的关系，但韩国比较强调个人，每个人又可以有专属的流派。另外，韩国的男女差别很大，尤其是上流社会的家庭更是如此。①

中根先生在研究工作之外，还从事了外务省和文部省等相关政府工作。据中根先生回忆，当时社会对官员的印象不太好，所以她想亲自一探究竟，于是就接受了政府部门的一些工作。1969年，中根先生担任了文部省评审会委员，之后还曾担任海外青年促进队的负责会会长等其他职务。在任职期间，中根先生也了解到很多关于政府部门的事情。如不同的部门有其不同的特色；与处于高位的局长相比，下面的课长、课长助理、部门负责人扮演着更重要的角色；在政府部门中，绝大部分人是优秀的人才，虽然看上去是相同的人做相同的事，但个人之间的差别其实很大。② 在政府部门的工作为中根先生了解日本社会结构也提供了很多信息。

中根先生与中国也有很深的交流，曾多次访问中国。1975年，中根先生跟随以吉川幸次郎为团长的日本学术文化使节团来中国访问，这是日本首次以政府名义派出的使节团。由于中根先生曾在弗思教授门下学习，听他说过费孝通

① ［日］中根千枝、関本照夫、伊藤亜人、清水展、横山広子：《学問の思いで——中根千枝先生を囲む》，175页，東京，東方学，2010。
② 同上书，181页。

先生是来他这里学习的第一个东方人，她是第二个，又听说费孝通先生因"文革"受到迫害，人身不自由，已经很久没有费先生的消息。中根先生非常担心，所以这次借访问中国，想要见见费先生。听说当时费先生在中央民族学院（今中央民族大学），所以在访问行程全部结束后，中根先生留了下来，想前去中央民族学院拜访费先生。到了中央民族学院后，在场的同志被一一介绍，介绍到费先生时，中根先生十分惊讶，因为费先生与刊登在《江村经济》中的照片相比，要富态许多。这次在中央民族学院的会面，是中根先生与费先生的第一次见面。这次见面两位交谈不多，但中根先生把她的《日本社会》一书赠送给了费先生。第二天中根先生邀请费先生去北京饭店吃饭，想创造更多的交流时间。到了第二次交谈时，费先生已经阅读完中根先生赠送的著作，谈到自己也想写一本关于中国社会的书，两人虽只是第二次见面，却像旧交一般谈论了很多。因为当时仍处于"文革"期间，包括费先生在内的知识分子还处于较为紧张的政治氛围中，这次交流也很快就结束了。之后中根先生又两三次访问中国，其中第二次来访时，费先生亲自去机场接她，这时费先生已经有了较多的空余时间，两位也有了长时间的交流。①

---

① ［日］中根千枝、関本照夫、伊藤亜人、清水展、横山広子：《学問の思いで——中根千枝先生を囲む》，170~171 页，東京，東方学，2010。

中根先生每每提到与中国的联系时，提得最多的也是费孝通先生，因为费先生的引荐，她同意了胡起望先生和索文清先生来日访学一年。中根先生回忆起 20 世纪 90 年代费先生来日本的场景，费先生自己提出想要看看日本的农村，于是中根先生就带着费先生来到日本山梨县的农村。看到茅草屋的农家和炊烟袅袅的景象，费先生说想起了曾经调查过的瑶族。另外，中根先生在费先生的帮助下终于实现了几十年以来的梦想——去西藏做研究。1981 年，费先生给西藏地区的领导打了电话，获得了当地政府的许可。终于可以来西藏调查，中根先生颇为感动和欣慰。中根先生回忆说，她去访问的很多地方，都是原来在文献中读到的，觉得十分亲切，感到自己如鱼得水，感慨万千。[1] 除了费先生以外，给中根先生留下深刻印象的中国学者还有邓锐龄先生。邓先生是历史学家，对人类学也有浓厚的兴趣，是研究明清时期西藏关系的第一人。中根先生回忆说，邓先生的父亲曾在理藩院任职，因为是满洲八旗贵族出身，所以举手投足间都能看到邓先生的修养和高雅，可以与之前提到的印度那位婆罗门教授相媲美。[2]

以上根据相关文献回顾了中根先生的学术生涯，从中我们可以清晰地看到中根先生从印度的异文化研究到回国后对

---

[1]　[日]中根千枝、関本照夫、伊藤亜人、清水展、横山広子：《学問の思いで——中根千枝先生を囲む》，172 页，東京，東方学，2010。

[2]　同上书，176~178 页。

日本社会的研究，都是基于她切身实际的参与和观察，真正达到了人类学家高水平的学术水准。中根先生的学术成就与她早年就形成的勇于探索、独立思考的性格有关，也与她刻苦学习、用心研究、投身田野密不可分。在学习中形成自己的思考并非一件容易的事，但在田野调查中可以反复去实践，这样就可以实现"从实求知"的真正目的。

（三）个人履历

1926 年 11 月	生于东京都丰多摩郡户塚村（现属新宿区）
1933 年 4 月	进入东京府东京市杉并第五寻常小学
1939 年 3 月	毕业于北京日本小学
1939 年 4 月	进入北京日本高等女子学校
1944 年	毕业于东京都立第八高等女子学校（现为东京都立八潮高等学校）
1944 年 4 月	进入津田塾专业学校外国语专业
1947 年	毕业于津田塾专业学校外国语专业
1947 年 4 月	进入东京大学文学部东洋史学专业
1950 年 3 月	获得学士学位
1950 年 4 月	进入东京大学研究生院
1952 年 3 月	获得硕士学位
1952 年 4 月	成为东京大学东洋文化研究所助理

1953 年 6 月　前往印度、英国、意大利调查、学习（至 1957年 9 月）

1958 年 3 月　任东京大学东洋文化研究所讲师

1959 年 6 月　任美国芝加哥大学客座副教授（至 1960 年 7 月）

1959 年 10 月　获"每日出版文化奖"

1960 年 3 月　任财团法人日本民族学协会理事、评议员（至1964 年 1 月）

1960 年 9 月　任英国伦敦大学客座讲师（至 1961 年 8 月）

1962 年 4 月　任东京大学研究生院生物系研究科人类学课程负责人（至 1965 年 3 月）

1962 年 5 月　任东京大学东洋文化研究所副教授

1965 年 4 月　任东京大学研究生院社会学系研究科委员会委员（至 1973 年 3 月）

1965 年 5 月　获日本民族学振兴会（原民族学协会）涩泽奖

1966 年 5 月　任日本学术会议第八届国际人类学民族学会议组织委员会委员（至 1970 年 9 月）

1967 年 7 月　任文部省保健体育审议会委员（至 1972 年 7 月）

1967 年 9 月　任建设省住宅对策审议会委员（至 1970 年 9 月）

1968 年 6 月　任建设省都市计划中央审议会委员（至 1974年 6 月）

1970 年 1 月　任东京大学改革委员会委员（至 1973 年 3 月）

1970 年 4 月　任东京大学东洋文化研究所教授

1970 年 11 月　任东京大学社会学系研究科文化人类学课程主任

1971 年 4 月　任东京大学研究生院协议会委员（至 1972 年 11 月）

1971 年 8 月　任文部省日本 UNSCO 国内委员会委员（至 1977 年 8 月）

1973 年 2 月　任东京外国语大学亚非语言文化研究所运营委员会委员（至 1989 年 1 月）

1973 年 9 月　任美国行动科学高等研究所客座教授（至 1974 年 6 月）

1973 年 9 月　任国际人类学与民族学联合会副会长（至 1983 年 9 月）

1974 年 9 月　任国立民族学博物馆运营协议员（至 1988 年 9 月）

1975 年 3 月　成为日本政府派遣学术文化访中使节团一员

1975 年 4 月　兼任大阪大学人类科学部教授（至 1979 年 3 月）

1975 年 5 月　成为英国皇家人类学会名誉会员

1975 年 9 月　任美国康奈尔大学特别客座教授（至 1981 年 9 月）

1975 年 12 月　兼任国立民族学博物馆教授（至 1980 年 3 月）

1975 年 12 月　收到印度首相甘地发来的对印度做出贡献的感谢信

1976 年 6 月　　任财团法人民族学振兴会理事、评议员（至 1988 年 6 月）

1977 年 4 月　　成为美国哲学协会会员

1977 年 4 月　　任内阁总理大臣官房审议室对外经济协力审议会委员（至 1985 年 10 月）

1977 年 7 月　　任大藏省财政制度审议会委员（至 1987 年 3 月）

1977 年 12 月　任环境厅中央公害对策审议会委员（至 1984 年 5 月）

1978 年 4 月　　任东京大学研究生院社会学系研究科委员会委员（至 1980 年 3 月）、东京大学研究生院社会学系研究科文化人类学课程主任（至 1980 年 3 月）、东京大学研究生院协议会委员（至 1979 年 3 月）

1979 年 7 月　　任东京大学出版会理事（至 1985 年 7 月）

1980 年　　　　任东京大学东洋文化研究所所长（至 1982 年 3 月）、东京大学评议员（至 1982 年 3 月）、东京大学东洋文化研究所附属东洋学文献中心主任（至 1982 年 3 月）

1981 年 7 月　　任厚生省人口问题审议会委员(至 1988 年 7 月)

1982 年 4 月　　任文部省科学官（学术国际局）（至 1986 年 3 月，1989 年至 1994 年 2 月）

1982 年 9 月　　任亚洲经济研究所参与员（至 1988 年 8 月，

1995 年 2 月至 1999 年 2 月）

1983 年 4 月　任东京大学研究生院协议会 委员（至 1985 年 3 月）

1985 年 4 月　任经济企划厅经济审议会委员（至 1987 年 3 月，1989 年至 1994 年 2 月）

1985 年 7 月　获 1985 年度外务省大臣表彰（表彰其致力于经济技术发展）

1985 年 10 月　获妇女问题关系功劳者内阁总理大臣表彰

1986 年 2 月　任文部省学术审议会委员（至 1995 年 7 月）、国际促进事业团运营审议会委员（至 1988 年 2 月）

1986 年 5 月　任财团法人民族学振兴会理事长（至 1999 年 10 月）

1987 年 3 月　从东京大学荣休

1987 年 10 月　获国际交流基金奖

1988 年 4 月　任帝京大学文学部国际文化学科教授（至 1991 年 3 月）

1988 年 8 月　获国际人类学民族学联合金奖

1989 年 8 月　任文部省日本 UNSCO 国内委员会副会长（至 1995 年 8 月）

1990 年 4 月　获"紫绶褒章"

1990 年 5 月　任中国中央民族学院名誉教授

1991 年 8 月　任社团法人农村环境整顿中心理事长（至 1997 年 10 月）

1991 年 9 月　获福冈亚洲文化奖学术研究奖，任文化功劳者选考审议会委员

1991 年 11 月　任 UNSCO 文化与开发委员会名誉会长（至 1996 年 9 月）

1993 年 1 月　为天皇等人讲课

1993 年 11 月　获"文化功劳者"称号

1994 年 7 月　任中国山西大学名誉教授

1994 年 9 月　任对外经济促进审议会会长（至 2001 年 1 月）

1995 年 3 月　任国际促进事业团运营审议会委员（至 2003 年 9 月）

1995 年 10 月　任科学技术会议议员（至 1997 年 7 月）

1995 年 12 月　当选日本学士院会员

1998 年 4 月　获"勋二等宝冠章"

2001 年 11 月　获"文化勋章"

2002 年　　　成为东京女学馆大学首任校长（至 2004 年）

2006 年 5 月　任日本学士院第一部部长（至 2009 年 5 月）

2014 年　　　获"津田梅子奖"

（四）主要著作

单本

　　《纵向社会的人际关系：单一社会的理论》（讲谈社现

代新书，1967）

《家庭的结构：社会人类学的分析》（东京大学出版会，
1970）

《适应的条件》（讲谈社现代新书，1972）

《以家庭为中心的人际关系》（讲谈社学术文库，1977）

《纵向社会的力学》（讲谈社现代新书，1978；讲谈社
学术文库，2009）

《日本人的可能性与极限》（讲谈社，1978）

《社会结构的比较：以亚洲为中心》（旺文社，1981）

《社会人类学：亚洲诸社会的考察》（东京大学出版会，
1987；讲谈社学术文库，2002）

《中国与印度：社会人类学的视野》（国际高等研究所，
1999）

合著

与福武直、大内力合著：《印度村落的社会经济结构》
（亚洲经济研究所，1964）

与大石慎三郎合著：《江户时代与近代化》（筑摩书房，
1986）

主编：《韩国农村的家族和祭礼》（东京大学出版会，
1973）

Folco Quilici 原著，与末成道男合译：《沙漠》（福禄
贝尔馆，1976）

◎ 附录二
未开的脸与文明的脸·再版译后记 [*]

我最初接触到中根先生的名字，还是在学习日语的教材上。她的关于"瑞典的福利"一文，从人类学的角度来看工业文明给人们的生活所带来的巨大影响，一直到今天还在我脑中出现。之后，我开始关注中根先生的作品，如她的《社会人类学——亚洲诸社会的考察》，里面所涉及的对于印度、中国、日本、韩国社会的比较研究，在我看来一直是文明社会的比较研究的典范，也影响到我后来的比较社会研究。1991年我到北京大学跟随费孝通先生读博

---

* 本文为中根千枝《未开的脸与文明的脸》（麻国庆、张辉黎译，北京，商务印书馆，2018）再版译后记。

士时，从先生那里更多地了解到中根先生和他的学术交往。当时正好中根先生和日本著名的发展社会学家鹤见和子教授，为纪念费孝通先生80岁生日，于1990年在东京组织召开了东亚社会研究国际讨论会，会议论文集（英文）《东亚社会研究》刚刚出版，北京大学社会学人类学研究所组织我们翻译成中文，书中中根先生对费先生的评价情真意切。

事情也巧，1993年我被选上由教育部公派、日本文部省奖学金资助去日本留学，当时征求先生意见到日本哪个大学，费先生直接说到日本留学还是去跟中根先生学习，去东京大学学习人类学。费先生特意为我给中根先生写了推荐信，中根先生回信说由于她已经退休，让我跟她在东京大学的大弟子末成道男先生学习。1994年我到日本前，去费先生家征求先生的意见和学术上的考虑。费先生对我说，在日本要好好学习中根先生这一脉络的人类学，让我好好研究下中根先生、鹤见和子先生和福武直先生的学术特点。费先生还特别强调了他们三位在东亚研究方面，与自己的研究有何异同。

我到了日本后，有更多的时间和条件能够看到中根先生的作品和论文。我发现虽然中根先生和费先生相差20岁，但因为受过同一老师弗思、同一学校伦敦政治经济学院的培养，两人在学术研究上有很多的共同特点，如他们都强调社会结构研究的重要性，强调比较研究和田野调查是社会人类学的基础。从研究内容看，费先生有著名的《乡土中国》和《生育制度》，而中根先生有《日本社会》与《家庭的结构》；费先生有《中国的绅士》，而中根先生从社会阶层的角度来比较中国的乡绅、日本的武士、韩国的两班；费先生提出著名的"差序格局"原理，而中根先生提出日本社会是一"纵式社会"。她认为中日之间的家族结构和家族制度的区别，导致由此发展出的社会结构和社会关系也有很大的异同点。她在此基础上，把中国以父系血缘为基础的家族特点归纳为"类"的原则，以此来衬托中国社会与日本的不同之处，同时对日本社会从"场"的原理进行考察。① 而费先生的差序格局的基础正是类别和关系，在此基础上强调"推己及人"。两人对于异文化的研究，都表现出社会人类学对于家族组织与社会组织研究的兴趣，等等。

不过，我第一次拜见中根先生还是在 1994 年底，当时我刚到东京大学几个月，在高明洁老师的陪伴下，到东京的财团法人日本民族学会所在地拜访中根先生。在秘书的引领下，我们第一眼就看到了一位非常高雅的女性学者正在伏案工作，我们进去后，先生非常客气地让我们坐下。她知道我是费先生的学生，第一句就问费先生身体挺好吧，

---

① ［日］中根千枝：《日本和中国、朝鲜的家族结构的特色》，见［日］江上波夫等编：《日本和中国》，东京，小学馆，1982。

我说非常好，每年在北京之外要出去 200 多天做调查，参加会议、座谈。接下来她知道我对家族的比较有兴趣，就建议我去冲绳做调查。当时我的学术判断力还跟不上，不太理解先生的学术思路，只是说先看完材料再说。不过多年后，2001 年到 2003 年，我再次到日本，作为日本学术振兴会的外国人特别研究员，去冲绳研究当地的门中制度，进而和中国的宗族与日本本土的同族进行比较，那时我才明白中根先生的学术想法，即通过田野调查资料的比较，来看冲绳在中国和日本之间的文化与社会的特殊性及关联性问题。

我 1996 年底从日本回国后，当时费先生发起"社会文化人类学高级研讨班"，中根先生有时间都会过来作为主要授课老师之一来做讲座，包括北大校庆百年的活动、费先生在吴江过 90 岁生日所举办的会议，她都前来参加。这样我也有机会经常向中根先生讨教。包括我和我夫人张辉黎女士翻译她的处女作《未开的脸与文明的脸》的过程中，正好先生来北京出差，先生说要到长城的一个地方看历史上留下来的梵文、西夏文、蒙古文等不同文字的碑文，我们找到了有碑文的地方，她给我讲了很多历史上中国和印度之间的往来。在吃饭时，我也把翻译她的书不清楚的地方，让先生给我解答。我那天收获很多。从长城回来，路过我家，我请先生来家坐一下。先生非常高兴，她说作为一个人类学家，能到都市的住家，特别是北大年轻老师的家看一看，非常好。当时我孩子才上幼儿园，先生在家里还特意和我孩子、我们一家照了相，至今我还存有照片。当她知道我们整栋楼住的都是北大的老师时，她非常感慨地说，还是这样好，大家都是做研究的，没有杂七杂八的人。我说这是中国的单位制度，她说确实和日本不一样。

之后，2001 年，我作为学术振兴会的外国人研究员，去了东京都立大学。年底正好赶上中根先生获得日本文化大奖后的专题演讲。我很有幸出席了先生的演讲会。在演讲中她除了提到自己的学术经历外，还提到人类学研究的方法论的问题，并举费孝通先生和利奇的对话中强调的"部分和整体的关系"为例。从其讲话中常常提到费先生，可见她和费先生之间在学术上有多么深的默契。

2005 年费先生去世一年后的学术纪念会上，我又见到了中根先生，我当时已经到中山大学人类学系工作。当时会议安排我对中根先生做个访谈，主要谈她和费先生的交流以及对费先生的学术贡献的评价。中根先生从 1975 年第一次见费先生讲起，并对费先生发展中国的人类学和社会学做了非常非常高的评价。

去年见到商务印书馆的李霞编审，她说想再版中根先生《未开的脸与文明的脸》，我又通过日本的聂莉莉学姐电话联系中根先生，之后先生授权商务印书馆再版中译本。我和太太张辉黎女士非常高兴，又开始校对书稿，太太在原翻译书稿上做了很多标记，包括原来的翻译表述问题。然而，非常不幸的是，她抗癌八年多，最后还是没有能战胜病魔，于今年 5 月 30 日离开了我们。此书的再版，也是对我夫人的一个纪念，愿她在九泉下远离病痛的折磨，一路走好！

非常感谢李霞编审为此书的再版所做的一切努力！

（2016 年 10 月 2 日于中央民族大学文华楼）

图书在版编目（CIP）数据

破土而出：流动社会的田野呈现 / 麻国庆著.
—北京：北京师范大学出版社，2020.8
（行者系列）
ISBN 978-7-303-26104-8

Ⅰ.①破… Ⅱ.①麻… Ⅲ.①社会人类学
Ⅳ.C912.4

中国版本图书馆 CIP 数据核字（2020）第 140646 号

营　销　中　心　电　话　010-58805385
北 京 师 范 大 学 出 版 社
主题出版与重大项目策划部　http://xueda.bnup.com

POTU ERCHU

出版发行：北京师范大学出版社　www.bnup.com
　　　　　北京市西城区新街口外大街 12-3 号
　　　　　邮政编码：100088
印　　刷：北京盛通印刷股份有限公司
经　　销：全国新华书店
开　　本：889 mm×1194 mm　1/32
印　　张：9.25
字　　数：177 千字
版　　次：2020 年 8 月第 1 版
印　　次：2020 年 8 月第 1 次印刷
定　　价：59.00 元

策划编辑：宋旭景　　　　责任编辑：岳　蕾
美术编辑：王齐云　　　　装帧设计：王齐云
责任校对：张亚丽　　　　责任印制：陈　涛